Traunmüller - Der Donauradweg

Manfred Traunmüller

Der Donauradweg

Reise-Erfahrungen zwischen
Passau und Wien

CIP-Titelaufnahme der Deutschen Bibliothek

Traunmüller, Manfred:
Der Donauradweg
Erfahrungen an und nahe Europas schönster Radroute
Manfred Traunmüller. – 5. Auflage – Linz
ISBN 3-85214-657-7

5. neue und verbesserte Auflage (2002).
Fotos: Die Fotos stammen vom Autor.
Gedruckt in Österreich
Druck und Bindung: Landesverlag Druckservice Linz

ISBN 3-85214-657-7, erschienen im Landesverlag Linz

Inhalt

Ein Vorwort

hat nur dann Sinn, wenn es etwas zu sagen gibt: Dem Donau-radweg wird immer wieder nachgesagt, eine Radlerautobahn zu sein, auf der Staus zur Tagesordnung gehörten.
1981 haben Regierungsrat Walter Steiner, Bürgermeister von Ottensheim an der Donau, und ich erstmals Schilder mit der Bezeichnung „Donauradweg" im Abschnitt zwischen Aschach und Ottensheim montiert. 1983 überredete ich Leo Pumberger, eine Fähre in Au/Schlögen einzurichten, so daß Radfahrer zwischen Niederranna und Schlögen nicht auf der Bundesstraße Staub schlucken müßten. Frau Pumberger ruderte damals noch die spärlichen Urlauber ans rechte Ufer. 1986 erreichte der Kurier-Redakteur Paul Pollak die Freigabe der Treppelwege für Radfahrer (die früher bereits geduldet waren). 1987 waren es deutsche Journalisten, vornehmlich Hanna von Hurten und Ernst Dramsch, sowie die TUI unter dem risikofreudigen Direktor Helmut Lockert, die den Donauradweg pushten. Von einem Jahr aufs andere kamen zehntausende Radurlauber an die Donau, wo es kaum Tourismustradition – etwa wie im Alpenraum – gab. Damals waren viel zu wenig Gästebetten vorhanden, man mußte oft stundenlang Quartier suchen. So entstand das Märchen vom „überfüllten" Donauradweg.
Wahr ist: Damals wie heute ist der Weg selbst nicht überlaufen, die kleinen Orte haben zwar inzwischen mehr Gasthöfe und Hotels, eine gewisse Planung in Form von Vorreservierungen sei Ihnen aber in der Hochsaison des Juli und August empfohlen.

← *Zwischen Aschach und Ottensheim verläuft der Donauradweg rechtsufrig direkt am Nibelungenstrom; am linken Ufer (bei Feldkirchen) schön und abwechslungsreich im Landesinneren.*

Überblick über die Geschichte des Donauraumes

Um *400 vor Christus* Einbruch der Kelten in das bis dahin wenig bis kaum besiedelte Gebiet. Fürstengräberfunde (1983) bei Mitterkirchen im Machland ergeben neue Erkenntnisse über Lebensweise und Besiedelung. In der Wachau dürfte die Siedlungstätigkeit wesentlich früher eingesetzt haben, die kleine Statuette „Venus von Willendorf" ist ca. 25.000 Jahre alt.

Um *15 vor Christus* wird das rechte Donauufer von den Römern besetzt. Die Donau wird zur Grenze des römischen Imperiums; ein Umstand, der zwischen 1945 und 1955 in der Bevölkerung als Grund für eine neue Grenzziehung des Eisernen Vorhanges betrachtet wird. Später bringt Kaiser Tiberius die Markomannen unter ihrem Führer Marbod in römische Abhängigkeit. Schließlich siedelt dieser germanische Stamm am rechten Ufer der Donau und bleibt unter römischer Oberhoheit. Das linke Donauufer wird als „frons germaniae" bezeichnet, auch als „Stirn Germaniens" übersetzbar. Am rechten Ufer entstehen besonders im 3. nachchristlichen Jahrhundert blühende Städte, Enns (genauer Lauriacum), Tulln und Wien seien genannt.

Im *4. Jahrhundert* setzt der allmähliche Verfall Westroms ein, der nicht nur die Lebensweise betrifft, sondern auch den Willen zur Verteidigung der Provinz Norikum schwächt, bis es schließlich zum Abzug der Römer kommt, nur einige wenige Römer bleiben zurück, sie sind Angriffen verschiedenster Völker – zunächst seitens der relativ zivilisierten Bajuwaren – ausgesetzt. Die so entstandene Mischbevölkerung wird um 750 von den Slawen angegriffen. Schließlich kommen die Awaren, deren Vernichtungswerk bis heute unerreicht ist.

791 setzt schließlich Karl der Große der Bedrohung durch die Awaren ein Ende und leitet so die erste Friedensperiode seit knapp einem halben Jahrtausend ein. 739 war es der hl. Bonifaz, der die Bistümer Regensburg, Freising (München), Salzburg und Passau gründete. Letzteres christianisiert im Laufe der Jahrhunderte bis in die heutige ungarische Tiefebene. Die Bezeichnung „Stephanskirche" oder „Stephansdom" erinnert noch heute an Passauische Gründungen.

Um *901* verfolgt Bischof Reichard von Passau bereits eine Streifschar von Magyaren, wiederum ein einfallendes asiatisches Reitervolk. 1.200 Mann werden dabei in der Donau ertränkt. Erst 955 ist es Kaiser Otto der Große, der die späteren Ungarn bei der Schlacht im Lechfelde (bei Augsburg) besiegt. Otto weist den Magyaren die heutige ungarische Tiefebene als Siedlungsgebiet zu und errichtet einen Pufferstaat, den man in der Volkssprache wohl mangels besserer Vorschläge ab 996 „Ostarrichi", also das „östlich des Deutschen Reiches gelegene Gebiet", nannte (das eigentliche 1000-Jahr-Jubiläum Österreichs war das Belehnungsjahr der Babenberger, 976, und es wurde 1976 auch gebührend gefeiert).

1156 wird Österreich Herzogtum (Babenberger).

1260 teilen die böhmischen Könige u. a. auch nach der Besetzung Wiens das Gebiet in Ober- und Niederösterreich, die Grenze bildet der Flußlauf der Enns.

1282 wird Rudolf I. von Habsburg Herzog von Ober- und Niederösterreich, erst nach und nach entsteht das heutige, im Vergleich zu damals große Österreich durch Erbverträge (Steiermark), Heirat (Tirol), Kriege (Salzburg) und Volksabstimmungen (Burgenland). Die Habsburger werden durch Heiratspolitik (besonders seit Friedrich III., 1493 in Linz verstorben) zur beherrschenden Familie Europas. Sein Sohn Maximilian I. stirbt in Wels. Kaiser Karl V. richtet den Blick der Habsburger auf den westlichen Teil unseres Kontinentes, u. a. auf Spanien, später sogar auf England (Philipp II. von Spanien und Queen Mary). Hier in Linz nahm dieser Aufstieg, wohl unter dem Eindruck der heranrückenden Türken, seinen Ausgang.

Davor, *1424*, wird der Donauraum noch von Glaubenskriegen schwerstens heimgesucht. Nach 1415 wüten die Hussiten nach der Ermordung ihres Anführers Jan Hus während des Konziles von Konstanz. Die katholische Kirche hat noch einmal Zeit gewonnen, für die Einigkeit und Vorrangstellung auch hier im Donauraum zu kämpfen.

1513 dringt allerdings bereits die Lehre Luthers ein, 1600 ist Linz eine protestantische Hochburg. 99 % der Bevölkerung ist lutherisch. Zu dieser Zeit lebt u. a. auch Johannes Kepler in Linz und begründet hier zwei seiner drei Keplerschen Gesetze und beweist damit u. a. die ellipsenförmige Umlaufbahn der Erde.

1526 entsteht als Folge der Linzer Hochzeit bzw. der bereits 1515 von Maximilian bestimmten ungarischen Doppelhochzeit durch den Zusammenschluß der Königreiche Ungarn und Böhmen sowie Österreich die spätere Donaumonarchie. Der Grund dafür war sehr wohl auch die militärische Stärkung angesichts der heranrückenden Türken.

1529 erste Türkenbelagerung Wiens. Die Türken dringen mit versprengten Haufen bis etwa 50 Kilometer östlich von Passau vor.

1626, im Zuge des Dreißigjährigen Krieges von 1618 bis 1648, findet in Oberösterreich der dritte große Bauernaufstand statt, dem 1619 eine Revolution des protestantischen Adels gegen eine Rekatholisierung vorausgeht. Die drückende Steuerlast zwingt zur Erhebung, was zu größter Grausamkeit auf beiden Seiten führt. So töten u. a. die Bauern alle Mönche des Stiftes Schlägl nach dessen Eroberung. Der Aufstand wird von den bayerischen Besatzungssoldaten unter dem Kommando des Grafen Herberstorff und des Hauptmanns Pappenheimer niedergeschlagen. Zahlreiche Hinrichtungen werden geradezu sadistisch durchgeführt; hier das Beispiel der Hinrichtung des Bauernführers Aichinger: „Glühende Zangen halten die Armfesseln, die Zunge wird sodann herausgerissen, sodann wird der Unglückliche geviertelt." Kurz vor der Hinrichtung tritt Aichinger jedoch noch zum katholischen Glauben über und erhält Milderung: „Glühende Zangen halten nur die Füße, nur der rechte Arm und schlußendlich der Kopf werden ihm abgehackt." Die furchtbare Vierteilung wird ihm erspart. Dies vor allem, weil diese Hinrichtungsart „mehrerer Anläufe" bedurfte!

1683 leidet Wien unter der zweiten Türkenbelagerung, die aber von Graf Rüdiger von Starhemberg unter Mithilfe des polnischen Königs siegreich beendet wird.

Im *17. und 18. Jh.* entstehen besonders im Donauraum barocke Prachtbauten, vor allem Kirchen, Schlösser und Klöster. Auch die religiösen Wirren scheinen durch die katholischen Habsburger und Wittelsbacher beseitigt.

1779 wird im sogenannten Kartoffelkrieg, den Josef II. vom Zaune bricht, das Innviertel mit den drei Städten Schärding, Ried und Braunau österreichisch.

1832 wird im Donauraum der erste feste Schienenstrang am europäischen Kontinent eröffnet, es ist die Pferdebahn Linz – Budweis, die schon seit 1825 im Bau war und daher noch vor Stockton – Darlington, der ersten Eisenbahnlinie der Welt, projektiert wurde.

1837 befährt das erste Liniendampfschiff, die Maria Anna, die Donau. Der Aufstieg der DDSG zur größten Binnenreederei der Welt beginnt. 1995 endet der staatliche Betrieb.

1848, im europäischen Revolutionsjahr, werden die Bauern lehensfrei. Die erste große Enteignung in der Geschichte geht vom Donauraum aus. Bauern erhalten jenes Land, das sie bis dahin selbst bewirtschafteten. Die Wälder bleiben daher zum großen Teil im Besitz des Adels (bis heute).

Am *24. Juni 1854* durchfährt ein Dampfschiff mit Kaiserin Elisabeth an Bord Oberösterreich und läuft bei Grein auf Grund. Durch einen Sprung kann sich die „schönste Fürstin Europas" nach diesem Schiffsunfall retten. Die Liebesheirat brachte weder Österreich noch Ungarn Glück.

1873 wird das stürmische Wirtschaftswachstum der Gründerzeit durch den Wiener Börsenkrach unterbrochen. Die Haupt- und Residenzstadt Österreich-Ungarns, die Kaiserstadt Wien, erlebt einen ungeheuren Aufschwung, 1913 zählt man bereits 2,2 Millionen Einwohner, heute sind es ca. 1,6 Millionen.

Am *28. Juli 1914* entschließt sich die Donaumonarchie am Höhepunkt der sogenannten Juli-Krise zur Kriegserklärung an Serbien. Der alternde Kaiser Franz Josef wird in Bad Ischl von Außenminister Graf Berchtold bewußt falsch informiert, wonach serbische Truppen das Königreich Ungarn angegriffen hätten. Nach der Kriegserklärung des Deutschen Reiches am 1. August 1914 soll Franz Josef gesagt haben: „Aber der Berchtold hat ma do gsagt, daß ma mit die Serben alleine san."

Am *3. November 1918* um 4 Uhr tritt für die Truppen der Donaumonarchie der Waffenstillstand in Kraft. Die Italiener feiern den Sieg von Vittorio Veneto bis 4. November um 3 Uhr und lernen auch heute noch im Geschichtsunterricht, daß nach dieser vernichtenden Niederlage Österreich-Ungarn um Frieden bat. Eine Geschichtsfälschung, ohne die man anscheinend bis heute nicht auskommt. Der letzte Kaiser Österreich-Ungarns, Karl I., verzichtet auf seine Thronrechte. Böse Zungen kolportieren die Worte des Monarchen bei Frontbesuchen zum einfachen Soldaten: „Meine Name ist Kaiser Karl".

1919. Was übrigbleibt, ist Österreich. Die Friedensdiktate von Versailles (Deutschland), Trianon (Ungarn) und St. Germain (Österreich) schaffen den Nährboden für künftige kriegerische Auseinandersetzungen. Eine furchtbare Hungersnot sucht Österreich heim.

Am *12. Februar 1934* beginnt der Bürgerkrieg in Linz und Wien. Der Schutzbund (Kampftruppe der SPÖ) wird entwaffnet, das Bundesheer schießt auf Gemeindewohnbauten.

Mitte März 1938 wird Österreich an das Deutsche Reich angeschlossen. Ein nicht enden wollender Jubel empfängt Adolf Hitler in seiner Heimat. Die Wiener Volksseele erkennt zunächst die Absichten der Nazis nicht, der neue Gauleiter Sauckel wird noch verharmlosend „Sauleiter Gauckel" genannt.

Im *Mai 1945* wird Wien von der Roten Armee erobert, Oberösterreich und die westlichen Bundesländer von US-amerikanischen Truppen. Erst im Herbst 1945 besetzt die Rote Armee Oberösterreich nördlich der Donau und ganz Niederösterreich.

Am *15. Mai 1955* ist Österreich frei! Der Staatsvertrag stellt die Souveränität unseres Staates wieder her. Österreich verpflichtet sich zur immerwährenden Neutralität.

Die *80er Jahre* sind geprägt von Bruno Kreisky, dessen Bauten (Austria Center Vienna, Kongreßzentrum von Wien) und Außenpolitik (Ansiedelung diverser UNO-Behörden, Wien wird 3. UNO-Stadt) Österreichs Stellung in der internationalen Staatengemeinschaft festigen.

Mit *1. Januar 1995* wird Österreich Vollmitglied der EU und orientiert seine Außenpolitik erstmals seit Napoleon wieder in Richtung Westen.

Die Nachkriegsgeschichte unserer Tage wird vom Sozialstaat geprägt, dessen Verschuldung immer bedrohlichere Ausmaße annimmt und uns doch bisher noch nie dagewesene Stabilität, Ruhe und Wohlstand beschert.

Dies ist das soziale Fundament des Landes, das Sie durchradeln.

Die Ausgabe der Leihräder ist meist schon ein Abenteuer. Viele erwarten sich die Qualität des eigenen Drahtesels, und da sind die Erwartungen oftmals zu hoch.

1. Tag:
Schärding – Passau – Engelhartszell – Aschach

Schärding (313 m) – Passau (290 m) – Engelhartszell (295 m) –
Schlögen (287 m) – Aschach (268 m)
Streckenlänge: 61,5 km Rad, 25 km Schiff

Schärding am Inn
Schärding am Inn, die Barockstadt, hat sich als Beginn der
Donauradtour von Passau nach Wien durchgesetzt. Schärding
gehörte noch 1648 zu Bayern, Passau war ein eigener kleiner
Kirchenstaat. Da es sich die Wittelsbacher mit den Bischöfen
von Passau nicht verscherzen wollten, akzeptierten sie die
Sonderrechte und bauten 17 km südlich von Passau am Inn
einen eigenen „Donauhafen" für die Salzschiffahrt. So entstand
eine reiche Handelsstadt in unmittelbarer Nähe von Passau,
die heute Station für die Eurocity-Züge auf der Strecke Frankfurt – Wien ist und auch mit dem Auto über den nahen
Grenzübergang Suben problemlos und schnell erreichbar ist.
Bekannt ist in Schärding die **Silberzeile** (hinter den Fassaden
vermutete man viele Silberlinge, damals die höchste bzw.
teuerste Geldmünze), eine Fassade von ca. 12 Bürgerhäusern
an der nordöstlichen Seite des Stadtplatzes, die in ihrer
Harmonie unübertroffen ist. Der gesamte **Stadtplatz** von
Schärding, der durch ein sogenanntes Kretzl in einen oberen
und unteren Teil getrennt wird, ist ein architektonisches
Erlebnis. Bei Ihrem Rundgang durch Schärding sollten Sie
außerdem die **Pfarrkirche** mit ihrem monumentalen Hochaltar
aus dem Jahre 1677 besichtigen, der von einer Regensburger
Kirche hierher gebracht wurde, und einen Spaziergang auf
den **Burghügel** machen, mit herrlicher Sonnenuntergangs-
Stimmung über den Inn hinweg.
Die Radtour führt vom Stadtplatz Schärding zunächst zum
Wassertor und dann weiter zum Bahnhof. Man muß hier eine
belebte Straße benützen, aber gleich nach der Bahnunter-
führung sehen Sie links den Wegweiser Richtung Wernstein
am Inn.
Wernstein am Inn erreicht man auf einer Nebenstraße, die
leicht hügelig verläuft, aber nicht anstrengend ist. Schön ist
der Blick auf das gegenüberliegende **Kloster Vornbach** (liegt
bereits in Bayern, der Inn ist hier die Grenze) und auf die
mächtige **Neuburg**, die zur Zeit instandgesetzt wird, deren
Renovierungsarbeiten aber derzeit etwas ins Stocken geraten
sind.
Wernstein am Inn ist in Graphiker- und Zeichnerkreisen
bekannt durch Alfred Kubin, der in **Zwickledt** bei Wernstein
lebte und verstarb. Ungefähr 220 Höhenmeter über dem Ort
liegt sein Ansitz, heute ein Museum des Landes Oberösterreich. Es ist für Radfahrer aber nur schwer erreichbar (anstren-

gende Schiebestrecke von etwa 3 km). In Wernstein fällt die Mariensäule auf, die früher auf einem der schönste Platze in Wien, am Platz Am Hof, stand.
In Wernstein beginnt nun ein sehr schöner Abschnitt des Donauradweges, der Treppelweg direkt am Inn nach Passau hin. Der ebene, hartgesandete Weg verläuft direkt am Fluß, nur manchmal stören durchbrausende Expreßzüge der Linie Passau – Wien die Idylle. Über eine steile Brücke erreicht man **Ingling**, einen Grenzübergang, der hauptsächlich von Radfahrern passiert wird (Ausweis vorweisen); aufgrund der EU-Mitgliedschaft Österreichs und der angestrebten Mitgliedschaft im Schengener Abkommen dürfte dieser Grenzübergang aber bald nur mehr in Geschichtsbüchern erwähnt werden.

Passau
Die alte Bischofsstadt, die Drei-Flüsse-Stadt – oftmals auch als „Venedig Bayerns" tituliert – erreicht man durch die sogenannte **Innstadt**. Nahe der Innbrücke biegt man links ein und fährt bis zum bischöflichen Theater, das eines der schönsten in Bayern ist. Prächtig ist der Blick auf den mächtigen St.-Stephans-Dom mit der größten Orgel der Welt. Rechter Hand schieben Sie Ihr Rad ein wenig gegen die Einbahn und erreichen so den Platz vor der bischöflichen Residenz.
In Passau fährt man dann die enge Gasse links hinunter und kommt zum Rathausplatz, wo ab 9 Uhr stündlich Donaudampfer in Richtung Engelhartszell ablegen. Wir empfehlen Ihnen den Abschnitt des Donauradweges zwischen Passau und Engelhartszell mit dem Schiff zurückzulegen, da sowohl am linken als auch am rechten Ufer das Befahren der Straße wegen des starken Verkehrs gefährlich und auch wenig reizvoll ist. Wer aber möglichst wenig Zeit auf dem Schiff verbringen will, sollte nur bis Obernzell schippern, dort zweigt nämlich die Bundesstraße in den südlichen Bayerischen Wald von der Donau ab, und daher verringert sich der Verkehr wesentlich.
Wer jedoch durchaus radeln will, dem sei das rechte, österreichische Ufer empfohlen. Hier ist wenigstens etwa die Hälfte der Strecke bereits ausgebaut. Nach der Besichtigung von Passau – Details im anschließenden Kunstteil – radelt man zunächst wieder in die Innstadt und dann der Beschilderung folgend zum Grenzübergang **Achleiten**. Die Nibelungen-Bundesstraße Passau – Linz verläuft hier ganz eben, und nach etwa 400 m zweigt bereits links ein Wiesenweg ab, der

← *Zwischen Schärding und Passau ist Radfahren ein Erlebnis; das enge Durchbruchstal des Inn vor der Mündung in die Donau wird auf einem schönen und ebenen Radweg erkundet. Auch hier waren es Treppelwege: der Inn war bis in unser Jahrhundert schiffbar.*

Sie am Faberhof vorbei führt. Teils am Waldrand, teils über Wiesen erreicht man so zunächst den Faberhof, dann bei einer Engstelle Krämpelstein.

Das kleine Schloß **Krämpelstein** auf einem Felsen über der Donau wird auch „Schneiderschlößl" genannt. Der Sage nach soll ein armer, aber geldgieriger Schneider das Schloß bewohnt und sich zur eigenen Nahrungsversorgung eine Ziege gehalten haben. Als diese nach einiger Zeit weniger Milch gab, schimpfte und schlug er das arme Tier. Als das nichts änderte, schmiß er die Geiß kurzerhand in die Donau. Dabei verfing sich das Tier aber in seinem Jackett und riß ihn mit in die Donau, wo er jämmerlich ertrank; das Tier konnte jedoch – wie durch Gottes Hand geschützt – das Ufer erreichen.

Immer wieder einige Meter auf der Bundesstraße, einige Meter auf Wald- und Wiesenwegen radelnd, erreichen Sie **Kasten**, ein kleines Schifferkirchlein direkt an der Donau. Die Filialkirche steht auf einem angeschütteten Erdhügel, wohl ein Zeichen dafür, daß es hier früher auch schon öfter Hochwässer gegeben hat. Am linken, gegenüberliegenden Ufer sieht man **Obernzell**, ein schöner Donaumarkt mit prächtigem Schloß direkt an der Donau nahe der Schiffsanlegestelle. Obernzell ist mit Kasten durch eine Fähre verbunden, die normalerweise im 20-Minuten-Takt verkehrt. Eine Überfahrt ist aber nicht empfehlenswert, denn einer der schönsten Donauorte, **Engelhartszell**, erwartet Sie knapp nach der Staustufe Jochenstein.

Jochenstein

Dieses Kraftwerk sei hier stellvertretend für die folgenden vorgestellt, deren wuchtige Bauten Ihre nächsten Ferientage im wahrsten Sinne des Wortes bestimmen werden, denn ein Gutteil der Treppelwege, auf denen heute der Donauradweg verläuft, wurde im Zuge der Kraftwerksbauten neu errichtet bzw. befahrbar gemacht. Die alten Treppelwege, auf denen bis zu 60 Pferde die Lastkähne stromaufwärts zogen, waren nach der Erfindung des Dampfschiffes und dessen Verbreitung ab den 40er Jahren des vorigen Jahrhunderts allmählich verfallen.

Nun aber zum Donaukraftwerk Jochenstein: Interessanterweise war der Haupterrichtungsgrund die Sicherung der Schiffahrt. Der Jochenstein war ein gefährlicher Felsen mitten im Strom, und so gründete man 1952 eine österreichisch-deutsche Gesellschaft, die zur Hälfte der Rhein-Main-Donau-AG gehört. Die Gesamtinvestition betrug DM 290 Millionen, also im Verhältnis zu den jetzigen Milliardenkosten vergleichsweise wenig. Die Fallhöhe – das ist der Unterschied zwischen dem Wasserspiegel vor und dem Wasserspiegel nach der Stauung – beträgt bei Mittelwasser 9 m, bei einem Jahrzehnt-Hochwasser 6 m und bei Niedrigwasser 10 m. Am 10. Juli

1954 gab es überhaupt keinen Niveauunterschied, es war die Zeit des größten Hochwassers unseres Jahrhunderts. Die Länge des Kraftwerkes beträgt 152 m, der Höhenunterschied von der tiefsten bis zur höchsten Stelle des Baukörpers 52 m, es ist also so hoch wie ein großer Landkirchturm. Das Donauwasser fließt vor Eintritt in die Turbinenkammern durch einen Eisenrechen, dessen Stabweite 12 cm beträgt. Das Schwemmgut wird maschinell entfernt. So können die 5 Kaplanturbinen mit etwa 2.050 m³ Wasser pro Sekunde insgesamt 39.400 PS leisten, wobei das Mittelwasser der Donau nur 1.420 m³ beträgt, das Jahrzehntniederwasser nur etwa 360 m³ und ein 5-Jahre-Hochwasser 4.080 m³. 1954 flossen für 4 Tage an die 9.200 m³ die Donau hinunter. Die meist Zeit im Jahr fließt also die gesamte Donau durch die Turbinen, oftmals müssen sogar mangels Wasserführung Turbinen abgeschaltet werden. Auf eventuelle Hochwässer hat Jochenstein große Rücksicht genommen: Die 6 Wehrfelder mit jeweils 24 m Breite können abgesenkt und bei Hochwasser außerdem die Schleusentore geöffnet werden, so daß 11.000 m³ durchfließen können, also soviel Wasser wie bei einem 250-Jahre-Hochwasser. Heute baut man wesentlich unvorsichtiger. Die Schleusen sind 230 m lang und 24 m breit; ein Schleusvorgang dauert insgesamt etwa 20 Minuten; dies ist für die Schiffahrt gratis.

Engelhartszell
Nach dem Kraftwerk Jochenstein fahren Sie der Beschilderung folgend links direkt an die Donau und erreichen so Engelhartszell, einen wunderschönen Donaumarkt. Engelhartszell war interessanterweise immer österreichisch, obwohl das Kloster von Passauer Bischöfen gegründet wurde. Zur Besichtigung sei die erhöhte **Pfarrkirche Mariä Himmelfahrt** empfohlen, ein 1194 erstmals erwähnter, im Kern gotischer und im 17. Jh. barockisierter Kirchenbau. Hauptattraktion ist jedoch das einzige Trappistenkloster Österreichs:

Engelszell
Das Kloster wurde 1293 von Bischof Wernhard von Passau als Zisterzienserkloster gegründet, in einem unsicheren Gebiet, in dem der Teufel sein Unwesen trieb, zur Erholung der Chorherren von Passau. Letzteres dürfte neben den Machtgelüsten Richtung Osten der Hauptgrund gewesen sein. 1786 wurde das Kloster aufgelöst und 1925 von deutschen Trappisten, die nach dem verlorenen Krieg von 1918 ihr Stammkloster im Elsaß verlassen mußten, wiederbesiedelt. Während des tausendjährigen Reiches wurde das Kloster nochmals aufgelöst und später durch Mitbrüder aus Banja Luka wiederbesiedelt. Der Trappistenorden hat nach den Kartäusern die strengsten Ordensregeln, um 3.45 Uhr beginnt das Tagwerk mit einem langen Gebet. Es besteht Schweigepflicht, nur das Allernot-

wendigste darf gesprochen werden. Der Trappist, der Ihnen den vorzüglichen Klosterlikör aus eigener Erzeugung an der Stiftspforte rechts von der Kirche verkauft, bildet da eine Ausnahme.

Die Engelszeller **Stiftskirche Mariä Himmelfahrt** wurde nach einem Brand im Jahre 1699 zwischen 1754 und 1763 wieder aufgebaut. Sehr böse Zungen behaupten, daß zur Barockzeit verdächtig viele Kirchen brannten. Eine unlautere Absicht hineinzuinterpretieren wäre aber sicher falsch. Die alte Kirche endete bei der Stufe am Beginn des Chorgestühles bzw. des Chorraumes. Der Neubau sollte natürlich größer und schöner werden, und so errichtete man ein riesiges Langhaus. Und genau dort begann eine Schicht feinsten Donausandes, auch Donaumehl genannt. Dieser weiche Untergrund gab unter der starken Belastung nach, die Wände wichen nach außen, und so drohte 1838 das Langhausgewölbe einzustürzen.

Die Folgen sehen Sie über Ihnen: ein modernes Fresko! Im Jahre 1838 entschloß man sich nämlich, da alles Beten nicht mehr half – wohl auch wegen der knapp 60 Jahre vorher erfolgten Auflösung des Stiftes –, das Gewölbe ganz einfach einzuschlagen und ein neues, leichteres zu errichten. Bis 1957 war die Kirche im wahrsten Sinne des Wortes entstellt, statt der herrlichen Altomonte-Fresken sah man nur Verputz. Da entschloß man sich nach langer Debatte, den Linzer Maler Professor Fritz Fröhlich mit der Ausgestaltung zu beauftragen. „Maria mit den Engelschören" wurde mit viel Einfühlungsvermögen als Fresko geschaffen. Beachten Sie das nachgeahmte und doch nicht wirklich erreichte Altomonte-Blau. Der herrliche Stuck stammt von Johann Georg Übelherr aus Wessobrunn, das Hochaltarbild von B. Altomonte („Maria Himmelfahrt").

Prunkstück der Kirche ist die Kanzel, ebenfalls von Übelherr. Sehenswert auch das Rokoko-Chorgestühl. Wenn alles in der Kirche so schön restauriert ist und prunkt und blankt, so ist das den Trappisten selbst zu verdanken, denn sie haben die gesamten Renovierungsarbeiten durchgeführt. Das Klostergebäude, vor allem der sehenswerte Kapitelsaal, war bis 1994 nur Männern zugänglich; zur großen Landesausstellung wurden jedoch auch Frauen eingelassen. Natürlich nur bis in den Kapitelsaal.

Die Radtour führt Sie entweder zur nahen, ca. 230 m stromaufwärts gelegenen Donaufähre oder bis zur 2 km entfernten Staustufe Jochenstein. In jedem Fall wechseln Sie aufs linke, aufs Mühlviertler Ufer. Sie radeln auf einem schönen Uferweg

← *Im Stift Engelszell leben Trappisten, Angehörige eines der strengsten Männerordens überhaupt: Schweigepflicht, spartanische Lebensweise - das Tagwerk beginnt um 3.45 Uhr.*

vorbei an Kramesau, Niederranna und Au bis Au/Schlögen. Links oben sehen Sie die drei mächtigen Burgen **Rannariedl** (deutscher Privatbesitz), **Marsbach** (Wiener Privatbesitz) und **Haichenbach** (Privatbesitz, aber öffentlich zugänglich).

Haichenbach

Diese Burg ist eine echte Raubritterburg. Laut Volksmund geistert es sogar in Vollmondnächten. Man soll die Schreie der ermordeten Burgherrin hören. Und das kam so: Raubritter aus dem nahen Marsbach belagerten den Burgherren von Haichenbach, der mit den Raubrittern nicht gemeinsame Sache machen wollte. Es gelang den Raubrittern, die Burg einzunehmen, der Burgherr wurde hingerichtet. Vor seinem Tode erbat er sich aber noch einen letzten Wunsch: Er wollte Kirschen essen. Dieser Wunsch wurde ihm gewährt, und mit einem Fluch spuckte er die Kirschkerne über die Burgmauern. „Diese Kerne werden euch töten", meinte der Edelmann. Zwanzig Jahre später zog der junge Sohn des Burgherren mit der Streitmacht des Passauer Bischofes vor die Burg, gelangte über einen Kirschenbaum in die Burg und konnte die Tore öffnen. Im Kampf Mann gegen Mann bei Vollmond erkannte der Junge in einer finsteren Kammer nicht, daß sein Gegner eine Frau war, und ermordete sie. Diese Frau war niemand anderer als seine Mutter, die in den Dienst der Raubritter getreten war.

Tatsache ist, daß man vom leicht baufälligen Burgfried einen herrlichen Ausblick hat. Links und rechts fließt auf dieser Halbinsel die Donau vorbei. Der Weg ist gut markiert, teilweise aber verwachsen und führt steil hinan.

Hier in **Au/Schlögen** endet der Donauradweg am linken Ufer. Man muß mit der Fähre übersetzen. Es gibt zwei Fähren, die während des ganzes Tages hin und her pendeln, und so ist es kein Problem, ans rechte Ufer zu kommen. Der zweite Fährmann ist übrigens ein Bauer, der seit der Eröffnung des Donauradweges als Fährmann arbeitet. In den ersten beiden Jahren ruderte er noch selbst, doch heute hat er wohl nicht mehr genug Kraft, um all die Radfahrer selbst ans andere Ufer zu bringen. Am rechten Ufer liegt nur wenige Meter stromaufwärts ein sehr gutes Hotel mit wunderschön gelegenem Restaurant.

Donauschlinge Schlögen

Man radelt aber weiter donauabwärts, bis man die bekannte **Donauschlinge Schlögen** mit den sogenannten Prall- und Schattenseiten sieht. Es wurde schon viel gerätselt, warum die Donau hier einen Mäander bildet. Ein geologischer Bruch liegt nicht vor, den gibt es beim Jochenstein. Ein besonders hartes Gestein, das die Donau nicht durchdringen könnte, liegt auch nicht vor – außerdem: steter Tropfen höhlt den Stein. Aber was dann? Das Ergebnis aller geologischer Studien ist: Die Donau hat sich von Anfang an diesen Weg durch das damals hoch aufragende Variszische Gebirge gewählt und sich so allmählich in das Gestein hineingefressen, ohne erkennbaren Grund. Die Prall- und Schattenseiten, an denen das Wasser an die Hügel stößt, sind schön zu sehen, zum Teil ragen sie an die 60 bis 70 m senkrecht aus dem Wasser empor.

Nach wenigen hundert Metern sehen Sie am Rand der großen Wiese und des Feldes ein kleines, steinernes Kreuz mit dem leidenden Christus. „Christliches Andenken an die am 11. März 1923 in den Wellen Ertrunkenen", lautet die Inschrift des sogenannten **Salzschwärzerkreuzes**. Und das Unglück, das man auf dieser Inschrift nicht genau beschreiben wollte, kam so: Georg Höllinger, ein 63jähriger Bauer aus Inzell, sein Sohn Anton und sein Nachbar Johann Lang waren in den Abendstunden des 10. März 1923 im Raume Jochenstein/Bayern mit dem Laden von Salzsäcken beschäftigt. Damals war es recht lukrativ, bayerisches Salz aus Bad Reichenhall über Österreich nach Böhmen zu schmuggeln, hatte doch die junge tschechoslowakische Republik einen Großteil der Industrie des alten Österreich-Ungarn auf ihrem Territorium, die Bevölkerung verfügte daher über eine gute Kaufkraft. Die drei Männer ruderten etwa acht Stunden, als sie um zwei Uhr früh beim Wirt in Schlögen noch Licht sahen. Sie beschlossen, noch einzukehren und eine halbe Bier auf das Wohl des Vaterlandes zu trinken. Später, etwa gegen vier Uhr muß es gewesen sein, brachen die drei auf, gerieten ungefähr hier in eine Stromschnelle, die sie, da sie ja nur einen Kilometer von zu Hause entfernt war, sicherlich kannten und wohl nur aus Leichtsinn übersahen, und ertranken. Vater und Sohn Höllinger wurden in Kobling angeschwemmt, Josef Lang erst in Goldwörth bei Ottensheim, an die 40 km von hier. Er wurde am dortigen Friedhof begraben.

Jetzt radelt man aber über Inzell weiter nach **Kobling**, das durch eine Fähre mit dem Ort **Obermühl** verbunden ist. Markant und vom rechten Ufer aus sichtbar ist der 1618 erbaute dreigeschossige Getreidespeicher an der Mündung des Flusses Kleine Mühl in die Donau (er wurde beim Kraftwerksbau 1963 aus Kostengründen einfach teilweise eingegraben!). Besuchenswert sind aber auch die Wirtshäuser von Obermühl. So gut und günstig ißt man selten am Donauradweg.

Der Radfahrer bleibt aber am rechten Donauufer und kommt nach einem kurzen Stück auf der Straße Richtung **Haibach**, die gleich nach 350 m linkerhand verlassen wird, in den unbesiedelten Abschnitt des Donautals zwischen Kobling und Kaiserau. Hier steht wenige Meter nach der Abzweigung zur Donau hin, noch an der Landesstraße, das **Höglingerkreuz**, das auf ein besonders tragisches, an der Donau aber nicht seltenes Schicksal einer Familie hinweist.

Karl Höglinger war ein bekannter Hochzeitsmusiker. Am 6. Juni 1926 ruderte der 37jährige Familienvater von einer Veranstaltung im nahen Obermühl um zwei Uhr nachts nach

Hause. Beim Anlegen kam Höglinger zu Sturz und ertrank in der Donau. Sein Flügelhorn wurde tags darauf auf der Böschung gefunden, es war wohl beim Anprall an Land gefallen. Die Leiche wurde im ca. 120 km entfernten St. Nikola bei Grein angeschwemmt und am dortigen Friedhof beerdigt. Ein bißchen leichtsinnig war das schon, da doch im Juni schon um vier Uhr der Morgen graut.

Aber auch seine Schwiegertochter Maria kam auf schreckliche Weise um. Am 23. Juli 1953 arbeitete sie ebenfalls an dieser Stelle, als ihr zweijähriger Sohn Willi in die Fluten fiel. Obwohl die Mutter Nichtschwimmerin war, sprang sie sofort in die Donau, um ihr Kind zu retten. Beide sind ertrunken! Maria wurde in Neustadtl (nahe von St. Nikola) angeschwemmt, Willi wurde nie gefunden.

Nun radeln Sie aber weiter in das hier unbesiedelte, enge Donautal. Nach 6 km erreichen Sie bei **Burgstall** die engste Stelle des Donautales in Österreich. Von dort bietet sich ein herrlicher Ausblick auf die fjordähnliche Landschaft.

Die Abhänge sind hier mit Laubwald bewachsen, mancherorts ist es auch Mischwald. Sie werden im Volksmund „Donauleiten" genannt. Diese Wälder werden heute nur mehr extensiv genutzt und sind von geringem praktischem Wert. Der Naturschutz verbietet den Bau von Forststraßen zur Erschließung der Wälder, das unwegsame Gelände bietet aber kaum eine Möglichkeit, vom Hügel aus das Holz hinaufzuziehen. Uns Urlaubern gefällt aber das einsame Gebiet.

Vor der großen Flußkurve, nahe der engsten Stelle des Tales, erinnert ein schlichtes schmiedeeisernes Kreuz mit dem leidenden Christus und einer Inschrift samt Foto an Karl Leidinger. Am Sonntag, den 3. Dezember 1933, fuhr der Müllerssohn aus Exlau – Sie werden den Hof in wenigen Kilometern am linken Ufer sehen – nach Haibach, um Getreide für seine Mühle einzukaufen. Wie damals üblich, wurde am Sonntag nach der Messe im Dorfwirtshaus das Geschäft gemacht. Der eigentliche Transport erfolgte im Zwei-Wochen-Abstand mittwochs bzw. samstags. Bei diesem Handel dürfte es etwas länger geworden sein, lustig vielleicht auch, und so war es neun Uhr abends im beginnenden Winter des Jahres 1933. Ein Schneesturm hob an, wurde immer heftiger. Karl entschied sich, trotzdem zu fahren. Am Montag stand bereits fest, daß er gekentert war und keine Überlebenschancen hatte. Das Boot wurde gefunden. Vier Monate (!) später wurde

◄ Die Schlögener Donauschlinge ist ein beeindruckendes Naturschauspiel; für etwas mehr als einen Kilometer fließt der Nibelungenstrom „zurück"; hier beißt die Donau auf besonders harten Granit. Sie wechseln das Ufer mit einer der beiden Radlerfähren.

es erst Gewißheit: In Schönbühel bei Melk in der Wachau wurde die Leiche des 27jährigen Mannes angeschwemmt.

Vor der nächsten Ortschaft sehen Sie neu angelegte Biotope, die das Bundesstrombauamt Wien mit Granittischen und -bänken gestaltet hat. Schön ist dieser Rastplatz, nur eine Sitzunterlage sollten Sie bei sich haben, denn der Stein ist meist ziemlich kalt.

Bei **Kaiserau**, gegenüber der Mündung der Großen Mühl, erreichen Sie wieder bewohntes Gebiet. Ein großer Campingplatz bringt Sie in die Zivilisation zurück. Genießen Sie den Ausblick auf das gegenüberliegende **Untermühl** mit **Schloß Neuhaus** und dem darunter liegenden Kettenturm. Von Schiffen aus wurden während des Hochmittelalters, zur Zeit des Interregnums, Ketten über den Fluß gespannt, um Lastkähne am Vorbeifahren zu hindern

Die mächtige Burg Neuhaus gehört der Adelsfamilie Plappart von Leenheer und ist nur einmal im Jahr, beim großen Burgfest, zugänglich. Sonst kann man nur den Kettenturm besichtigen. Untermühl ist mit Kaiserau durch eine Fähre verbunden, die in Halbstunden-Abständen verkehrt.

Aschach

Die Radtour führt am rechten Ufer vorbei an der Staustufe Aschach und so erreicht man den Schiffermarkt Aschach.

Aschach, an einer der Salzstraßen vom Salzkammergut nach Böhmen gelegen, wurde 777 erstmals urkundlich erwähnt und erhielt 1512 das Marktrecht. Bemerkenswert sind die schönen, im Kerne gotischen, dann aber barockisierten **Bürgerhäuser**, darunter das Haus Nummer 54 (Stiftshaus St. Nikola bei Passau), Nummer 81 (das Fleischhackerhaus) und Nummer 74 (bemerkenswerte Hausmadonna). Die Bürgerhäuser, die sonst in Oberösterreich prächtige Plätze bilden, sind hier in Aschach alle der Donau zugewandt. Nur die 1371 erwähnte und dem hl. Johannes dem Täufer geweihte **Pfarrkirche** durchbricht die Häuserfront. Dieser „einseitige" Platz soll zum Ausdruck bringen, daß das Gegenüber der Aschacher Bürger die Donau als Haupteinnahmequelle war und durch den Donauradweg auch heute wieder ist.

Das am Südende des Marktes gelegene prächtige **Schloß Harrach** ist nicht zu besichtigen.

Die erste Etappe wird ab Schärding etwa 5 Stunden Radfahrzeit und 1,5 Stunden Schiffahrt-Zeit bringen. Zusammen mit der Besichtigung von Passau und Engelszell ist der Tag also „randvoll". Eine Alternative wäre, schon in Schlögen im erwähnten Hotel Donauschlinge (39 km von Passau entfernt) zu nächtigen. Erfahrungsgemäß sind aber gerade am ersten Fahrtag die Kräfte sehr groß, während man dann am zweiten Fahrtag beim ersten Muskelkater gerne kürzere Etappen fährt. Zwischen Schlögen und Aschach gibt es wenige Gästezimmer in Ober- und Untermühl.

2. Tag:
Aschach – Wilhering – Ottensheim – Linz

Aschach (268 m) – Wilhering (269 m) – Ottensheim (263 m) –
Linz (260 m)
Streckenlänge: 32,5 km

Dieses mit 32,5 km relativ kurze Stück empfehle ich aus zwei
Gründen: Am zweiten Fahrtag wird man meist von argen Druckstellen am Gesäß geplagt, und die fehlende Kondition wirkt sich
an diesem Tag am stärksten aus. Außerdem liegt mit Linz, der
drittgrößten Stadt Österreichs, ein interessanter Besichti-
gungsort an der Route, für den man sich Zeit nehmen sollte.

Variante 1
Radeln Sie von Aschach stets direkt entlang der Donau auf
dem Radfahrstreifen, der großteils asphaltiert ist. Vorbei an
der sogenannten Bastion, dem Stationsgebäude der alten
DDSG unterhalb der Donaubrücke Aschach-Landshaag, passieren Sie während den nächsten zwei Kilometern die ehemalige Donaufurth **Kachlet**, eine in der Schiffahrt gefürchteten
Seichtstelle. Erst der Anstau von Ottensheim hat diese
Gefahrenquelle beseitigt. Als Kind machte ich eine Schiffahrt
mit dem damaligen Flaggschiff der DDSG, der MFS Theodor
Körner. Hier beim Kachlet wurden die Motoren abgestellt, und
das Schiff glitt über den seichten Flußgrund, wobei man
größere Schottersteine gelegentlich sogar am Schiffsbauch
anschlagen hörte. Heute ist das alles Geschichte, die Donau
ist zwischen Aschach und Ottensheim reguliert.
Die Regulierung begann hier in der Mitte des 19. Jh. in größe-
rem Umfang. Wegen der aufkommenden Dampfschiffahrt
hatte man verstärktes Interesse und auch das Geld, um eine
Schiffahrtsrinne zu schaffen. Die Donau wandt sich bis dahin
in zahlreichen Flußarmen durch das Eferdinger Becken, große
Auwälder schützten die Bevölkerung vor den gefürchteten
Hochwässern. Wegen der zahlreichen Hochwässer war man
schon seit dem Mittelalter damit beschäftigt, der Donau mit
bescheidenen Mitteln ein Hauptgerinne zu schaffen. Aber es
fehlte eben das liebe Geld. So tiefte man mit Baggerschiffen
unter großem personellen Aufwand die Donau in ihrem Hauptgerinne ein und erreichte so einen beachtlichen Tiefgang.
Beim Kachlet war dies jedoch nicht möglich, denn dort war der
Untergrund felsig, den konnte man nicht wegbaggern, und
zum Sprengen fehlten dann doch wieder die Möglichkeiten. So
blieb das Kachlet bis in die 70er Jahre unseres Jahrhunderts
eine Gefahr. Alte Handschriften berichten sogar von einer Furt,
mit entsprechendem Wagenmaterial hätte man also die Donau
durchfahren können. Theoretisch wäre das wegen des felsi-
gen Grundes ja möglich gewesen, aber praktisch war das

wegen der starken Schwankungen in der Wasserführung der Donau tatsächlich nur alle drei bis fünf Jahre der Fall.

Sie radeln nun an **Brandstatt** vorbei, wo zwei Gasthöfe mit unterschiedlichem Preisniveau zur Mittagsstation und auch zur Nächtigung einladen, und erreichen so die weiten Auwälder des Eferdinger Beckens. Wenn gerade Ostwind herrscht, dann heißt es treten und wieder treten. Die folgenden 15 km bis zur Staustufe Aschach nehmen dann kein Ende. Ich habe mir in diesem Abschnitt eine schmerzhafte Gesichtsnerv-Entzündung geholt. Radeln Sie in so einer Situation lieber mit einem Taschen- oder Halstuch vorm Gesicht!

Eferding

Die ursprünglich römische Siedlung wird bereits im Nibelungenlied genannt. Eferding lag früher an der Donau, genauer an einem der schiffbaren Seitenarme, die man später im Zuge der Regulierungsmaßnahmen beseitigte. Geblieben ist aber ein herrliches Ortsbild mit dem **Schloß Starhemberg**, das die den Donauorten eigene Architektur aufweist. Bereits 1222 – nur ein Jahr nach Wien – erhielt Eferding das Stadtrecht. Die zweite Frau des Sternenforschers Johannes Kepler stammte von hier, die Inschrift auf ihrem Geburtshause am Stadtplatz erinnert an sie; dort fällt auch die Dreifaltigkeitssäule (um 1720) auf.

Hauptsehenswürdigkeit ist die dem hl. Hippolyt geweihte spätgotische **Kirche** mit einem Chor aus dem Jahr 1457. Das Langhaus entwarf der Passauer Dombaumeister G. Windisch, der knapp nach der Grundsteinlegung 1466 verstarb. Der mächtige Kirchenbau wurde 1497 vollendet. Bemerkenswert ist die Doppelwendeltreppe im hinteren Teil des Langhauses, die 1505 vollendet wurde. Das prächtige Doppeltor (1471) erinnert an das Passauer Eingangsportal und ist in der Linienführung wahrhaft hinreißend. Das Westtor, gegenüber dem Hochaltar, ist vergleichsweise einfach ausgeführt. Das Kircheninnere übt eine beachtliche Raumwirkung auf den Besucher aus. Sehenswert sind auch der Bäckerinnungsaltar und der Weberaltar.

Wer nach Eferding kommt, sollte auch **Schloß Starhemberg**, in dessen Nordtrakt ein Museum eingerichtet wurde, besichtigen. Kustos Schnee nimmt Anmeldungen zur Führung entgegen. 1255 wurde das Schloß erstmals urkundlich genannt. Über die Jahrhunderte hinweg wurde es zur rechteckigen Schloßanlage umgestaltet. Bei der Führung durch das Schloß sieht man u. a. einen Renaissance-Holzofen, gotische Tafelgemälde, einen Schreibtisch Mozarts sowie die Ahnengalerie der Besitzerfamilie, die zu den einflußreichsten Adelsfamilien Österreich-Ungarns gehörte. Selbst in der Ersten Republik spielte der Heimwehrfürst Rüdiger von Starhemberg noch eine bedeutende politische Rolle.

Das Schloßmuseum in Eferding ist von 1. Mai bis 31. Oktober jeweils Sonn- und Feiertag von 9.00 bis 12.00 Uhr geöffnet.

Schaunburg

Die Schaunburg, einstmals die größte Burganlage Oberöster-reichs, war und ist trotz des argen Verfalles ein lohnenswertes Ausflugsziel. Man radelt bis zum Fuße des Burghügels und wandert dann an die 250 m steil bergauf. Auffallend ist die mächtige Linde vor dem Burgeingang, eine Gerichtslinde. Durch die von Mauern und Türmen umgebene Vorburg betritt man die Feste. Rechts liegt der prächtige Burgfried mit dem herrlichen Ausblick über das Eferdinger Becken und die Donauauen. In der Kapelle ist das Gewölbe zwar eingestürzt, man sieht aber noch Fensterbögen und Gebäudefragmente. Der Heimatverein hat die Instandsetzung seit Jahrzehnten planmäßig durchge-führt, so daß die Besichtigung ungefährlich ist.

Die Schaunburg ist täglich bis 1 Stunde vor Einbruch der Dunkelheit geöffnet.

Die Schaunburg liegt nur etwa vier Kilometer von Brandstatt an der Donau entfernt, ist aber nur über einen kleinen Anstieg zu errei-chen. Beeindruckend ist der herrliche Ausblick vom Burgfried.

Die Radtour führt am Nibelungenstrom weiter bis zur **Staustufe Ottensheim**, die bereits in der sogenannten Trockenbauweise errichtet wurde. Jochenstein und Aschach sperren den Strom in seinem Tal, Ottensheim wurde südlich des Flusses errichtet und die Donau dann umgeleitet.

Sie haben nun die Möglichkeit, links über das Kraftwerk nach Ottensheim zu fahren. Ich empfehle jedoch – bei Mehrkosten von ca. öS 28/Person – samt Rad bis Wilhering weiterzufahren. An der Fähre radeln Sie zunächst auf dem Treppelweg vorbei, der hier ein hartsandiger Uferweg ist.

Wilhering

Links sehen Sie das mächtige **Zisterzienserkloster Wilhering**. Bei der Beschilderung biegen Sie rechts ab und kommen so am Fußballplatz des Gymnasiums vorbei ins Stift. Links durch den schönen Barockgarten, erreichen Sie einen der schönsten Kirchenbauten Österreichs, die berühmte **Rokoko-Stiftskirche Wilhering**. Dieses Juwel unter den Rokokokirchen im deutschen Sprachraum ist im kunsthistorischen Teil beschrieben. Das Gotteshaus wird oftmals auch als „Ballsaal unter den Kirchen" bezeichnet, so viel Lebenskraft strahlt es aus.

Jetzt radelt man das kurze Stück zurück zur Fähre Wilhering-Ottensheim, die eine technische Rarität darstellt. Fährbetrieb ist ca. zwischen 6 und 18.30 Uhr, das Personal geht also mit „den Hendln ins Bett", wie man in Österreich sagt. Die Fähre ist ein Boot, das keine Energie verbraucht: Die Rollfähre ist an ein Seil gehängt, das Ruder des Schiffes nützt die Fließkraft der Donau – und schon sind Sie drüben.

Und damit haben Sie jetzt auch schon das Kernstück, das ursprünglichste Stück des Donauradweges, hinter sich gebracht. Der Name „Donauradweg" wurde zum ersten Mal 1981 für eine Radwegbeschilderung gebraucht, die der Autor des vorliegenden Buches gemeinsam mit dem Bürgermeister der Marktgemeinde Ottensheim entwickelt hat. Es wurde also der bereits bestehende, durch den Kraftwerksbau entstandene Uferbegleitweg zwischen Ottensheim und Aschach als Radweg der Öffentlichkeit zugänglich gemacht. Trotz heftigem Widerstand der Eigentümer und der zuständigen Wiener Ämter hatten wir die Schilder montiert und binnen kurzem eine Radfahrerwelle losgetreten, die über die Jahr hin dann zum Ausbau und zur Freigabe des Donauradweges führte.

Ottensheim

Ottensheim war fast tausend Jahre lang Weinbaugebiet und wird daher in alten Handschriften stets als reicher Markt genannt. Der älteste Markt des Mühlviertels ist eine Besichtigung wert.

1148 wurden dem Kloster Niederaltaich die Weinberge geschenkt. Was den Namen „Ottensheim" betrifft, so gibt es zwei Deutungen: Die erste Version nennt einen gewissen Ottini als Namensvetter, der 827 im nahen Puchenau nachgewiesen wird. Nach der zweiten Deutung soll der Name auf keinen Geringeren als den deutschen Kaiser Otto IV. zurückgehen, der 1208 im Kindlhaus am Marktplatz geboren worden sein soll. Die zweite Version ist sicher falsch, die erste fraglich. Das mächtige Schloß, das Sie schon von der Fähre aus sehen, stand im Besitze der Jörger. 1513 beging der damalige Landeshauptmann Oberösterreichs einen entscheidenden Fehler: Der Jörger sandte seinen Sohn zu Luther. Das protestantische Adelsgeschlecht hatte natürlich unter den Habsburgern wenig Chancen und verlor sich in der Versenkung der Geschichte. 1592 erhielten die Landstände den Besitz, der nach 1848 besonders häufig den Besitzer wechselte. In den 60er Jahren unseres Jahrhunderts gelangte das Schloß in den Besitz eines englischen Lords, der hier lebte und von einem herunterfallenden Mauerteil buchstäblich erschlagen wurde. Der Besitz fiel zurück an den Vater, Lord Amsell, einen englischen Kolonialoffizier alter Schule, der in Kenia lebte. Er vererbte das Schloß, das in der Zwischenkriegszeit ein beliebtes Ausflugsziel war, einer Freundin, die es mangels Interesse der öffentlichen Hand an vier Private verkaufte, die es nun bewohnen.

Im Ort selbst sind die Kirche aus der Zeit um 1509 und die Mariendarstellung auf einer toskanischen Säule eine kurze Station wert.

Bei der Fähre radelt man links der Beschilderung folgend – teilweise etwas weiter von der Donau entfert – durch einen kleinen Auwald bis zur Bahnlinie. Diese Kreuzung ist gefährlich, da relativ dichter Zugsverkehr auf der Strecke herrscht. Dann radeln Sie rechts, durch **Dürnberg** und unter der Brücke durch und kommen auf einen Radfahrstreifen entlang der B 127, der Rohrbacher Bundesstraße. Hier heißt es für 8 km Staub schlucken. Der Abschnitt über Puchenau ist sicher nicht der schönste Abschnitt des Donauradweges.

Sie erreichen dann – so Sie Eferding, die Schaunburg und Wilhering besichtigt haben – am frühen Nachmittag **Linz**, die Hauptstadt Oberösterreichs, das junge, pulsierende Zentrum unseres Landes mit einer bemerkenswert schönen Altstadt. Über die sechsspurige Nibelungenbrücke, die von den Nazis anstelle der alten Eisenbahnbrücke errichtet wurde, kommen Sie auf den Hauptplatz und in die Fußgängerzone. Rechter Hand – stromaufwärts der Brücke – sehen Sie das Linzer Schloß, links das Brucknerhaus. Genaueres entnehmen Sie bitte dem kunsthistorischen Teil.

Aschach – Linz: Variante 2
Von Aschach nach Linz gibt es auch eine zweite Variante des Donauradweges; sie verläuft am linken Donauufer, also auf Mühlviertler Seite. Diese Route hat den Vorteil, daß sie weni-

ger befahren ist und Sie – so Sie der Markierung folgen – ins Landesinnere kommen. Dies bedeutet hier im Eferdinger Becken ebene und flache Radwege, auch wenn Sie weiter weg von der Donau radeln.

Wenn Sie sich für das linke Ufer entschieden haben, radeln Sie zunächst über die **Aschacher Donaubrücke**, was ein bißchen anstrengend ist, da ein Höhenunterschied von knapp 40 Metern zu überwinden ist. Außerdem fahren die Autos auf der Brücke zumeist sehr schnell, also ist Vorsicht geboten! Unmittelbar nach der Brücke biegen Sie rechts ein und beim ersten Güterweg (Malfendt), also noch vor der Brückenunterführung in Richtung Landshaag, zweigen Sie links ab. Auf diesem Güterweg folgen Sie der Beschilderung und fahren entlang der Straßensiedlung. Nach 400 m empfiehlt Ihnen links die Beschilderung eine Radtour durch das Landesinnere, die reizvoll ist und an so manchem reichen Gemüsebauernhof vorbeiführt. Die Gegend hier – das Eferdinger Becken – trägt den Beinamen „der Gemüsegarten von Linz".

Rechts erreichen Sie schnell wieder die Donau, und nur eine Überströmstrecke von ca. 1 km unterbricht den Radweg, da muß man schieben. Nach etwa 20 Fahrminuten sehen Sie links die großen **Feldkirchner Badeseen**.

Vor der Staustufe Ottensheim biegen Sie dann links ab und fahren entlang des Altarmes der Donau, dem früheren Flußbett, das heute als Regattastrecke genützt wird. Sie kommen zu einer Brücke über die Große Rodl und so nach Ottensheim. Der Markierung folgend gelangen Sie über den schönen Ort **Feldkirchen** nach **Goldwörth** und weiter über Hagenau auch zur Regattastrecke, die Sie allerdings durch die Hochwasserschutzeinrichtung nicht sehen können. Über die Rodl kommen Sie wieder zum Bauhof der Gemeinde Ottensheim, wo Sie rechts zur Donau einbiegen und zur Fähre gelangen. Ab dort erreichen Sie Linz wie beschrieben über den Radfahrstreifen der vielbefahrenen Fernstraße B 127.

Wenn Sie sich für diese zweite Variante entscheiden und so von Bauernhof zu Bauernhof radeln und die hier wesentlich gemütlicher lebenden Menschen sehen, so sei Kunstfreunden ein Abstecher von Feldkirchen ins nahe **Pesenbach** empfohlen.

Die dem hl. Leonhard geweihte **Pfarrkirche** ist ein gleichermaßen schlichtes wie schönes gotisches Gotteshaus aus dem ausgehenden 14. Jh. Wahrscheinlich hatte man hier am Donauarm durch den Handel und Lotsendienst für die Schiffahrt genug Geld erwirtschaftet, um den schönen spätgotischen Flügelaltar (1495) in Auftrag geben zu können. Die Heiligen Leonhard, Bartholomäus und Michael werden mit reichem Sprengwerk dargestellt. Auf den beweglichen Flügeln wird u. a. die Legende des hl. Leonhard erzählt. In seiner Schlichtheit und Einfachheit ist dieses Gotteshaus ein beeindruckendes Zeugnis der vom Diesseits bestimmten Lebensweise der Gotik.

Die Kirche ist meist geschlossen, kein Wunder bei dieser kostbaren Einrichtung. Der Schlüssel ist im gegenüberliegenden Gasthaus erhältlich; übrigens ein vortreffliches, preislich günstiges Landgasthaus – eben typisch oberösterreichisch.
Wenn die Druckstellen am Gesäß allzu sehr schmerzen und daher eine Wanderung gut in den Tag passen würde: Bei der erwähnten Abzweigung fahren Sie links ins nahe Bad Mühllacken und wandern etwa eine Stunde durch das Naturschutzgebiet **Pesenbachtal** zur Jausenstation Schlagerwirt, einem ebenfalls sehr schönen Gasthaus. Zu bewundern sind in diesem gänzlich unbesiedelten Tal Wannen, Tümpeln und eigenartige Granitfiguren (Kerzenstein). Ein Ausflug, der hin und retour ab Feldkirchen-Ortskreuzung knappe 3 Stunden dauert und den ich Ihnen sehr empfehlen möchte.

Linz
Die Beschreibung von **Linz** entnehmen Sie bitte dem kunsthistorischen Teil.
Eine Routenempfehlung möchte ich aber hier noch anbringen: Der 537 m hohe Aussichtsberg **Pöstlingberg** sollte bei Ihrer Radtour von Passau nach Wien keinesfalls fehlen! Schon die Auffahrt per Bergbahn, die auch Räder mitnimmt, ist ein Erlebnis: Diese Bahn, die eine technische Rarität darstellt, wird allgemein als steilste Adhäsionsbahn Europas bezeichnet (im Gegensatz zu einer Zahnradbahn überwindet diese Bahn die Steigung nur durch die Reibung, auch im Winter!). Die etwa 3 km lange Bahn beginnt am Bergbahnhof in Urfahr, der nur knapp 600 m von der Donau entfernt ist, am Endpunkt der Straßenbahnlinie 3 (durch deren Geleise auch für ortsunkundige Radfahrer leicht zu finden). Zur vollen Stunde und jeweils im 20-Minuten-Intervall fahren die Bahnen.
Oben auf dem Pöstlingberg erwarten Sie eine malerische Aussicht über Linz und das Alpenvorland, die Grottenbahn (eine Märchenbahn, besonders beliebt bei Kindern) und ein mittelalterliches Fort. Die Bezeichnung „mittelalterlich" stimmt aber nur, was das Aussehen betrifft. Erbaut wurden die Befestigungsanlagen erst vor knapp 180 Jahren. Hier war das Zentrum der Befestigungsanlage Linz, die u. a. aus 32 Pulvertürmen bestand.
Errichtet wurde das alles nach 1828 nach Plänen von Erzherzog Maximilian von Österreich-Este, einem Mitglied der kaiserlichen Familie. Nach der vernichtenden Niederlage, die Napoleon Österreich angetan hatte, und nach der Schmähung des Kaiserhauses durch die erzwungene Heirat mit der Habsburgerin Marie Luise wollte man Linz zu einer für Angreifer aus dem Westen uneinnehmbaren Festung ausbauen. Die Habsburger waren damals geradezu besessen davon, nicht noch einmal eine derartige Niederlage hinnehmen zu müssen. Der Weg von Marie Luise, der Kaisertochter, nach

Paris war tatsächlich eine Zumutung, da doch kaum 30 Jahre zuvor Marie Antoinette nicht gerade positive Erinnerungen – ganz gleich bei wem – hinterlassen hatte.

Hier am Rondeau, das Sie kaum 120 m von der Bergstation der Bergbahn sehen werden, war das Zentrum der Verteidigungsanlagen, der Feldherrenhügel. Die Aussicht auf das Schlachtengetümmel war den damaligen Machthabern großteils ein Vergnügen, war aber auch militärisch notwendig. Denn nur so konnte man reagieren und den Schlachtverlauf beeinflussen. Wenn Sie in etwa 20 Gehminuten rund um den Pöstlingberg spazieren, so fallen Ihnen Schießscharten, Pulvertürme, Gräben und das mittlerweile verwachsene Glacis auf. Ein Glacis war eine freie Fläche vor einer Festung, auf der man die Angreifer ohne Hindernisse erschießen konnte.

Der Pöstlingberg bietet aber auch die schöne **Basilika „Sieben Schmerzen Mariä"**, deren Turmhelme 1892 das

Die Auffahrt auf den Pöstlingberg ist schon ein Erlebnis; mit der steilsten Adhäsionsbahn der Welt gelangt man erlebnisreich und zudem preisgünstig auf den Hausberg der Linzer. Mittelalterliche Schießscharten, Gräben und Burgmauern sowie eine prächtige Wallfahrtskirche erwarten Sie auf 537 Metern Seehöhe; nicht zu vergessen ist der prächtige Blick über Linz.

heutige Aussehen erhielten und 1963 abbrannten. Die barocke Kreuzkuppelkirche wurde 1774 mit zierlichem Stuck von J. K. Modler vollendet. Das Haupt-Fresko stammt von Andreas Groll (1900), das Chor-Fresko des gleichen Künstler ist mit 1899 datiert. Der Hochaltar mit der „Schmerzhaften Mutter Gottes" stammt aus dem Jahr 1716. Rechts in der Votivkapelle liegt ein großes Buch, das Ihre Sorgen und Bitten aufnimmt und der Mutter Gottes empfiehlt. Wir in Oberösterreich – wie allgemein im süddeutschen Sprachraum – kennen Situationen, „da hilft nur mehr Beten". In der letzten Zeit verwendet man diesen Ausspruch natürlich nicht mehr so oft. Ihr Anliegen ist aber dort trotzdem in besten Händen.

Vom Rondeau radeln Sie zunächst bergab zum Parkplatz, dort links Richtung Gramastetten und den Hügel hinauf. Beim Hinunterfahren biegen Sie auf halber Höhe rechts in den Güterweg ins Dießenleitenbachtal ein, wo ein Fahrverbotsschild Nicht-Anrainern die Einfahrt verbietet. Wenn es Ihnen das geringe Risiko wert ist, so radeln – oder besser bremsen – Sie in einer schönen Talfahrt an die 5 km retour nach **Urfahr**. Bei der ersten Kreuzung, bereits am Fuße des Pöstlingberges, fahren Sie rechts und dann stets gerade aus. So kommen so wieder zur Nibelungenbrücke bzw. auf den Donauradweg.

3. Tag:
Linz – St. Florian – Enns – Mauthausen – Baumgartenberg – Grein

Linz (260 m) – Abwinden/Asten (249 m) – St. Florian (296 m) – Enns (280 m) – Baumgartenberg (236 m) – Grein (218 m)
Streckenlänge: 82 km

Dieser Tag umfaßt eine Strecke von 82 km, wenn Sie über St. Florian fahren, ein Kulturjuwel erster Güte. Diese Route hat eine schönere Wegführung als die Hauptroute über St. Georgen/Gusen, die jedoch nur 63,5 km lang ist. Man muß also mit etwa 6,5 Stunden Fahr- und (ohne Linz) 3 Stunden Besichtigungszeit rechnen – ein Tag ohne Hektik und Hetzerei, aber voller wahrhaft einmaliger Eindrücke.

Hektik würde ohnehin nicht an die Donau passen, und so empfiehlt es sich, um etwa 9 Uhr aufzubrechen, um St. Florian noch vor der Mittagspause zu erreichen. Je nach Ihrem Nächtigungsquartier in Linz fahren Sie am besten zur Eisenbahnbrücke – dort führen die meisten Linzer Radwege hin – und hier erreicht man die Donau am gefahrlosesten.

Die Radtour führt vorbei am **Pleschinger Badesee**, an dessen Südteil sogar FKK-Anhänger willkommen sind. Weiter geht's zunächst zu den beiden **Steyregger Donaubrücken**. Rechter Hand sind zuerst die Anlagen der Schiffswerft, dann jene des Stadthafens, das Werksgelände der Chemie-Linz-Gruppe und schließlich die VOEST zu sehen.

Mit Ausnahme des Hafens waren dies die Paradeunternehmungen der **Verstaatlichen Industrie Österreichs**, die aus den Reichswerken Hermann Göring hervorgingen. Das Schicksal dieser Unternehmen ist teils traurig, teils hoffnungsvoll. Die Schiffswerft setzte voll auf russische Aufträge, aber mit dem Zusammenbruch der Sowjetunion brach auch die Schiffswerft zusammen. Früher waren dort mehr als 1000 Arbeitnehmer beschäftigt, heute sind es 80. Das Gelände gehört einem Bauunternehmer, die Schiffswerft selbst ist in privater Hand.

Die Chemie Linz erlebte ihren finanziellen Niedergang zu einer Zeit, da der Großteil der westeuropäischen Chemiekonzerne Rekordgewinne schrieb, nämlich in der Mitte der 80er Jahre. Die hochprofitable OMV, eine staatliche Erdölgesellschaft, übernahm die Chemie Linz und zerteilte das Unternehmen, bis nur mehr ein kleiner Teil übrig blieb. Von etwa 7.500 Mitarbeitern arbeiten derzeit im Werksgelände bei zahlreichen unterschiedlichen Eigentümern etwa 4.000.

Die VOEST, mit dem LD-Blasstahlverfahren weltführend in der Stahlerzeugung, konnte bis dato durch sehr gutes Management vor Abstürzen dieser Art bewahrt bleiben, wenngleich die Beschäftigungszahlen derzeit etwa um 40 Prozent unter jenen der Höchststände zu Beginn der 80er Jahre liegen.

St. Florian

Die Donauradtour führt Sie nun weiter zur Staustufe Abwinden/Asten. Lassen Sie sich nicht durch die Beschilderung, die Sie linker Hand nach Grein lenken will, in die Irre leiten. Ich empfehle, geradeaus über die Staustufe und damit über die Donau ans rechte Ufer zu fahren und der Beschilderung folgend weiter durch die Auwälder nach **St. Florian**. Sie erreichen den Markt mit dem berühmten **Augustiner-Chorherren-Stift**, in dem die bekanntesten Werke der Donauschule zu sehen sind, auf gut beschilderten Nebenstraßen über eine Brücke der Westbahn, vorbei an den Zäunen des Gefängnisses von Linz und sodann über die Bundesstraße 1 (querend). Am besten stellen Sie Ihr Rad am Ortsplatz ab und spazieren in kaum 5 Gehminuten über den „finsteren Gang" (die überdachte Stiege) zum Stift. Es erwartet Sie eines der schönsten Klöster Österreichs. Vom Eindruck her ist das Stift kein Sakralbau, es wirkt wie ein riesiges Schloß, das heitere Lebensfreude und großen Reichtum ausstrahlt.

Das **Stift St. Florian** ist wegen seiner Fülle an Kunstschätzen im kunsthistorischen Teil beschrieben. Führungen finden zwischen Ostern und Allerheiligen um 10, 11, 14, 15 und 16 Uhr statt und dauern ca. 1,5 Stunden.

St. Florian liegt zwar etwa 6 km von der Donau entfernt, ist aber eines der geistigen Zentren des Donauraumes; nur wegen der Auwälder und der Hochwassergefahr wurde das Stift hier am Abhang erbaut. Im Stift wurden mehrmals Landesausstellungen gezeigt, so 1996 zum 100. Todestag von Anton Bruckner die großartige Darstellung seines Lebens unter dem Motto „Vom Ruf zum Nachruf".

Die Radtour führt Sie nun vom Marktplatz zunächst 2 km zurück in Richtung Donau, dann der Beschilderung nach Enns folgend vorbei am **Freilichtmuseum Sumerauerhof** in Samesleiten. Sie erreichen die älteste Stadt Österreichs, **Enns**, von der Linzer Vorstadt her und radeln der Beschilderung folgend auf den Stadtplatz mit dem prächtigen Wachturm.

Enns

Enns ist die älteste Stadt Österreichs. 212 erhielt die Zivilsiedlung des Legionslagers der Römer unter Kaiser Caracalla das Stadtrecht. Dies ist nichts Außergewöhnliches. Aber 1212 – genau 1000 Jahre später – wurde der 1193 mit Ringmauern versehenen Gemeinde das Stadtrecht ein zweites Mal verliehen, und zwar einige Jahre vor Wien! Der 59 m hohe **Stadtturm** wurde 1554–1568 als Glocken- und Wachturm erbaut. Eine Besteigung ist sehr zu empfehlen. Der Ausblick von der über dem vierten Geschoß gelegenen Galerie ist wunderschön. Der Turm ist tagsüber ständig geöffnet.

Bemerkenswert ist außerdem das **Museum** der Stadt im ehemaligen Rathaus (Hauptplatz 19) mit einer beachtlichen

Sammlung römischer Funde. Nur von außen zu besichtigen ist **Schloß Ennsegg**, das derzeit einem argen Verfall preisgegeben wird. Einen Besuch wert ist auch die **Pfarrkirche** mit der **Wallseer Kapelle**, einem stimmungsvollen Kreuzgang, und einem schönen gotischen Gewölbe.

Hauptattraktion ist jedoch die **Basilika von Lorch**, dem alten römischen Zentrum. Die Kirche erreicht man der Beschilderung folgend Richtung Bahnhof, sie ist von dort schon sichtbar.

476 bereits Bistum – bis heute gibt es einen Titular-Bischof von Lorch im Vatikan –, gilt Lorch als die Mutterkirche der Christianisierung der Baiern und somit als „Eckpfeiler der bayerischen Kirchengeschichte" (Zibermayr). Beachtenswert ist hier nicht so sehr das Hochaltargemälde des hl. Laurentius, sondern die römischen Ausgrabungen mitten in der Kirche. Näheres im kunsthistorischen Teil.

Sie radeln aber nun auf einer wenig bis gar nicht befahrenen Landstraße weiter zum Bahnhof. Wenn Sie der Beschilderung „Radfähre Mauthausen" folgen, erreichen sie nach zwei Querstraßen den kleinen Bauernort **Enghagen**, biegen aber beim Beginn des Ortes schon rechts ab und kommen so auf einer Art Forststraße zur Fähre, die von 1. Mai bis Ende September von 9.00 bis 18.00 Uhr, im Juli und August bis 20.00 Uhr in Betrieb ist. Schön ist es, mit dem Boot überzusetzen, vor allem auch deswegen, weil **Mauthausen** seine schönste Seite der Donau zeigt.

Mauthausen

Das Maut-Haus der Stadt Enns wurde am Schnittpunkt zweier Handelsstraßen errichtet. Die Geschichte des Handelsmarktes an der Donau beginnt 1189, als Kaiser Friedrich Barbarossa mit seinem Kreuzfahrer-Heer durch die Lande zog und nach Mauthausen kam. Die Sage berichtet, daß die streitbaren Einwohner auch vom Kaiser Maut verlangten. Der Kaiser konnte sich am Verhandlungswege mit den sturen Mauthausenern nicht einigen und mußte die Muskeln spielen lassen: Der Ort wurde restlos zerstört.

1490 gelangte Mauthausen an Lasla von Prag, der 1491 das mächtige **Schloß Pragstein** errichten ließ. Bis vor etwa 130 Jahren lag Schloß Pragstein im Fließwasser der Donau, die Westseite ist daher einem Schiffsbug ähnlich zugespitzt. 1494 sollte ein Karmeliterinnen-Kloster die Macht von Lasla sichern. Die drei frommen Nonnen errichteten die Heinrichskapelle (am

← *Mauthausen wird auf der ganzen Welt mit negativen Erinnerungen verbunden; schade, denn der Donaumarkt hat viele Attraktionen wie zum Beispiel die schönen Bürgerhausfassaden am Heindlkai.*

Ortsausgang ist links die Fassade noch schön zu sehen), überwarfen sich aber mit dem Probst von St. Florian und mußten abziehen. 1505 erbaute Enns hier eine schwimmende Donaubrücke, die 1660 aufgrund von bayerischen Protesten abgerissen werden mußte.

Da Mauthausen an der nach Norden, also Richtung Freistadt, anschließenden Feldaistsenke und an der Enns-Mündung liegt, ist es verkehrstechnisch sehr günstig gelegen, wahrscheinlich besser als Linz. Die Pferdeeisenbahn Linz–Budweis aus dem Jahr 1832, der erste Schienenstrang am europäischen Kontinent, war ursprünglich nach Mauthausen projektiert. Erst die erhoffte und dann während des Biedermeiers auch eingetretene Ausflugstätigkeit der Linzer gab die Entscheidung für die Routenänderung.

Erwähnenswert sind auch die gotische **Pfarrkirche**, die allerdings gänzlich modern eingerichtet ist, der danebenliegende romanische Karner mit achteckigem, gotischem Aufbau und **Schloß Pragstein** mit einer beachtenswerten Sammlung von Notgeld aus der Ersten Republik. Eine Besichtigung ist gegen Voranmeldung bei der Obfrau des Tourismusverbandes, die meist im großen gelben Haus neben dem Gasthof Ortner erreichbar ist, möglich. Schön auch die Fassaden der Bürgerhäuser am Heindlkai, wiederum der Donau zugewandt. Ein Großteil dieser Häuser hatte bis vor ca. 100 Jahren „Hausmolen", d. h. es war möglich, mit Schiffen bis vor die Haustür zu fahren.

Mauthausen wird aber beinahe auf der ganzen Welt mit dem Begriff „Konzentrationslager" in Verbindung gebracht.

Die **Gedenkstätte** liegt ca. 3 km vom Ort entfernt auf einem Hügel, die Besichtigung mit einer Gesamtzeit ab/bis Fähre von 2,5 Stunden ist ein absolutes Muß. Das Lager wurde über Vorschlag von Eichmann, einem geborenen Linzer, hier errichtet. Er meinte tatsächlich, daß am Ruhmesblatt der Verfolgung „minderer Rassen" die Heimat Hitlers ihren Anteil haben sollte. Hitlers Vorfahren stammten aus dem nahen Waldviertel, nur durch eine Adoption wurde der größte Verbrecher des Abendlandes vor seinem eigentlichen Namen „Schicklgruber" bewahrt. In Braunau kam Hitler dann als Sohn eines Zollbeamten auf die Welt.

Im **Konzentrationslager Mauthausen** (Gedenkstätte täglich in der Zeit von Mai bis Oktober von 9 bis 17 Uhr geöffnet, die restlichen Monate kürzer, im Jänner geschlossen) wurden unter Lagerkommandant Ziereis 200.000 Personen getötet und unzählige furchtbar gemartert.

Aber: die Besichtigung von Mauthausen gibt uns auch Kraft! Sehen Sie die Mahnmäler vor dem Lagereingang in Richtung Todesstiege? Betrachten Sie das deutsche mit dem Brecht-Zitat! Sehen Sie, wie fassungslos wir diesem Zeugnis der eigenen Geschichte gegenüber stehen. So fassungslos, daß wohl nie mehr in der Geschichte eine solche Entwicklung von deutschsprachigem Boden wird ausgehen! Allerdings weigere ich mich auch, für die ganze Generation meiner Großväter Scham und Schande zu empfinden. Ich denke da immer an Sigmund Freud, der meinte: „Der Mensch ist ein bösartiges, triebhaftes Wesen, das nur durch Bildung und Erziehung zum Zustande des gegenseitigen Achtens gebracht werden kann." Es gab und gibt in jeder Generation anständige Menschen.

Von der Fähre Mauthausen führt die Radtour zunächst ein kurzes Stück auf einem Radfahrstreifen entlang der vielbefahrenen B 3 bis Mauthausen-Haid, dann zweigt der Radweg rechts ab. Sie radeln jetzt durch das fruchtbare Machland. „Gemachtes Land", lautet die Namensdeutung, also nicht Wiesen, sondern Felder fand man hier vor. Ein Schotterwerk wird umfahren, bei der Aistmündung radeln Sie über die Brücke und dann gleich wieder rechts auf dem Damm bis **Au**. Da gibt es eine kleine Freizeitanlage, beim Tennisstüberl ißt man hervorragend und günstigst.

Dann folgt ein schönes Stück durch die großen Auwälder bis zum **Kraftwerk Mitterkirchen-Wallsee**, wo Sie eine kleine Info-Stelle erwartet. Sie radeln am gleichen Ufer der Beschilderung folgend weiter nach **Mitterkirchen**.

Außerhalb des Ortes befindet sich ein ein sehenswertes **Keltenmuseum** (geöffnet von 9.00 bis 17.00 Uhr). Hier entdeckte vor etwa zehn Jahren ein Bauer beim Pflügen Relikte aus der Keltenzeit, die von Historikern als sensationell angesehen werden. Ein ganzes Fürstengrab mit meterhohen, goldenen Vasen als Grabbeigaben wurde hier freigelegt. Das Museum gibt eine anschauliche Darstellung dieser Bestattungsform genau am ursprünglichen Ort, die wertvollsten Stücke sind als originalgetreue Kopie zu sehen.

Wenn Sie der Beschildung „Donauradweg" hier nochmals untreu werden und auf der Straße nach **Baumgartenberg** weiterradeln, erreichen Sie eine der schönsten Barockkirchen Oberösterreichs, die nur 2 km vom Donauradweg entfernt liegt. Die Beschreibung entnehmen Sie dem kunsthistorischen Teil.

Nach der Kirche kommen Sie zum Ortsplatz, beim Gasthof Fischl fahren Sie rechts und gelangen so in **Mettensdorf** wieder auf den Donauradweg. Über eine schöne, alte Brücke fahren Sie nun richtungsuneinheitlich durch Auwälder, vorbei an nahe der Donau angelegten Biotopen nach Dornach. Lassen Sie sich nicht verwirren, auch wenn Sie längere Zeit keine Beschilderung sehen und die Himmelsrichtung oft wechselt. Sie sind richtig!

Auf einer alten, betonierten Straße erreichen Sie **Dornach**, den Beginn des **Strudengaus**. Die Hügel kommen nun wieder an den Donaustrand, das Tal wird wieder enger. Wenn Sie sich umdrehen, sehen Sie – im Abendlicht sehr stimmungsvoll – den Turm von **Schloß Wallsee**. Linker Hand liegt ein kleines Kraftwerk, und dort vorbei radeln Sie auf einem Radfahrstreifen die Donau entlang. Links verläuft die 1909 fertiggestellte **Donauuferbahn**, die Sie von nun an bis Krems begleitet. Sie können damit auch zu lange Tagesetappen überbrücken, falls Ihnen die Radlerei zu anstrengend werden sollte.

Links wird nun **Schloß Dornach** sichtbar, das im Stile der Romantik erbaut wurde und eine Zeit sogar im Besitz der Infantin von Portugal stand. Derzeit versuchen die Besitzer, eine Gastwirtschaft einzurichten. Sie erreichen so die Donaubrücke Grein, fahren unter dieser durch und dann ein Stück neben der B 3 bis nach Grein, das nur mehr wenige Meter entfernt ist.

Grein

Grein ist ein sehenswertes Städtchen; das Stadttheater, die Greinburg und der Stadtplatz sollten auf Ihrem Besichtigungsprogramm keinesfalls fehlen.

Grein an der Donau ist (die Detailbeschreibung entnehmen Sie dem kunsthistorischen Teil) mit dem Nibelungenstrom aufs engste verbunden. Hier begannen die Wasser-Strudel, die gefürchteten Stromschnellen. Diese Strudel waren sogwirkende Stromschnellen, die ganze Boote in einer Art Kreiselwirkung auf den Grund zogen. Die Schiffmeister waren Lotsen durch diese für die Donauschiffahrt bis zur Mitte des 19. Jh. extrem gefährlichen Abschnitte des Flußlaufes.

Ein schönes Freibad sowie das nahe **Bad Kreuzen** mit seiner Burg Kreuzen sind ein weiteres lohnenswertes Ausflugsziel. Im Kneipport Bad Kreuzen wurde der große Komponist Anton Bruckner in der Kaltwasserheilanstalt der Marienschwestern von einem Nervenleiden geheilt.

Hier eine kleine Anekdote aus dieser Zeit. Bruckner war in den 70er Jahren des vorigen Jahrhunderts schon ein gefeierter Organist und Professor an der Hochschule in Wien. Zur Ankunft bestellte die Gemeinde Kreuzen eine böhmische Blasmusik. Der Herr Professor sollte ja standesgemäß empfangen werden. Die Postkutsche verspätete sich, es war ein heißer Tag. Die örtlichen Musiker und die Böhmen schlossen eine feuchtfröhliche Bruderschaft. Als nun die Kutsche gemächlich den Berg hinaufgezuckelt kam, nahm man Aufstellung und bließ aus Leibeskräften. Es muß wohl sehr falsch geblasen worden sein, als Bruckner ausstieg und trotz seines Nervenleidens sofort Reißaus nahm. Nicht etwa in das vorbereitete Gästezimmer, sondern in die nahe Wolfsschlucht, wo der Musikant Gottes bis etwa Mitternacht verweilte, bevor er sich klammheimlich zu den Marienschwestern wagte.

Ein Besuch der Burg Kreuzen, die dem Tourismusverband gehört, sei Ihnen empfohlen. Karl Furtlehner und Josef Schopf – zwei Idealisten, wie sie nur noch zur Mitte des 20. Jahrhunderts vorkamen und jetzt entweder bereits ausgestorben sind oder im nächsten Jahrzehnt endgültig aus unserem gesellschaftlichen Leben verschwinden werden – haben diese

Burg in zahllosen freiwilligen Arbeitsstunden renoviert und von einem Steinhaufen in ein Erholungszentrum für die ganze Region verwandelt. Fragen Sie in Ihrem Quartier, ob eine Besichtigung des Turmes vermittelt werden kann. Schön ist es, die Dauerausstellung zu besuchen und dann von der Plattform einen wahrhaft einmaligen Ausblick über die Donauregion zu genießen. Dieser Blick gehört zum schönsten der Donauradtour, vor allem bei Sonnenuntergang. Wenn ich zwischen dem Blick von der Burgruine Dürnstein, dem Kerschbaumer Schlößl in der Donauschlinge Schlögen und der Burg Kreuzen wählen könnte, ich würde hierher kommen.

Variante Baumgartenberg – Burg Clam – Grein
Freunde mittelalterlicher Burgen sei ein kleiner Umweg empfohlen, der nicht anstrengend ist und von der Stiftskirche Baumgartenberg durch die Hügelwelt des Unteren Mühlviertels verläuft.

Von der Stiftskirche Baumgartenberg radeln Sie zunächst über die Donauuferbahn und weiter am Gebäude der Molkerei vorbei bis zur B 3, der Fernstraße. Diese überqueren Sie rechtsdiagonal, beim Schild „Gassolding" fahren Sie Richtung Norden, der Beschilderung „Klam" folgend. Beim Gasthaus radelt man rechts den Hügel hinan. Für die meisten ist das eine Schiebestrecke von etwa 400 m. Oben angekommen, radeln Sie in der Schloßallee Richtung Ort und passen auf, daß Sie den Parkplatz vor der Burg nicht übersehen. Beim Parkplatz stellen Sie Ihr Rad ab, bewundern die 1000jährige Linde bzw. das von diesem Baum Übriggebliebene und kommen in den Burghof.

Burg Clam
Die Burg Clam ist von Mai bis Oktober täglich von 10 bis 16 Uhr (letzter Einlaß) geöffnet, Führungen finden laufend statt. „Laufend" im wahrsten Sinn des Wortes, denn wenn die Führerin mitten in ihren Erklärungen von der Klingel unterbrochen wird, dann wird aufgemacht, und die neuen Gäste hören zunächst die zweite Hälfte der Führung. Alle notwendigen Details werden erklärt, so daß ich mich hier auf einige bei der ca. 50 Minuten dauernden Führung nicht immer genannte Details beschränken kann.

Die Burg Clam über der Klammschlucht nahe dem Orte Klam bei Grein gehört der Familie Clam-Martinic. 1128 wurde die Burg erstmals urkundlich genannt und 1149, nach dem Tode Ottos von Machland, an Passau übergeben. Das Wappen jenes Otto von Machland wurde später Landeswappen des Herzogtums ob der Enns, also des Landes Oberösterreich (1264 erstmals als solches bezeichnet). 1217 kehrte Ulrich von Clam-Velburg nicht vom Kreuzzug heim, und die Burg fiel an die österreichischen Herzöge in Wien. 1422 belagerten die Hussiten die Burg erfolglos, 1492 erfolgte die Ernennung von

Stefan Perger zum Pflegsinhaber. Er wurde so zum Stammvater der heutigen Familie, welche den Namen „Clam" annahm. 1524 ging die Burg in Familienbesitz über, 1594 belagerten die Türken die Burg erfolglos, und 1759 wurde die Familie in den Grafenstand erhoben.

Das heutige Aussehen der unregelmäßigen Burganlage stammt im wesentlichen aus der Zeit um 1636. Die Burgkapelle wurde schon 1491 geweiht, 1573 und 1637 jedoch gründlich restauriert. In den Privaträumen sind u. a. bemerkenswert: ein Sessel aus der Haut eines Reitpferdes (1568), die Porzellansammlung mit Unikaten aus Meißen, das 1803 von Joseph Fürt geschaffene Landschaftszimmer mit Secco-Malereien und Erinnerungsstücke an Thronfolger Franz Ferdinand.

Der Onkel des heutigen Altgrafen Georg Clam-Martinic war 1916 unter Kaiser Franz Josef Ackerbauminister und im letzten Kriegsjahr, 1918, Ministerpräsident. In den letzten Kriegsjahren hielt sich Franz Josef zum Teil und Kaiser Karl überwiegend an die sogenannten „Belvedere-Schranzen", das waren die von Franz Ferdinand für den Fall seiner Regierungsübernahme gewissenhaft vorbereiteten Männer. Clam-Martinic spielte eine entscheidende Rolle. Er strebte die Umwandlung vom Dualismus Österreich-Ungarn in den Trialismus Österreich-Ungarn-Böhmen an. Dieser Umbau der Doppelmonarchie hätte sicher die Probleme Cisleithaniens (der österreichischen Reichshälfte, auch „Die im Reichsrat vertretenen Länder und Königreiche" genannt) gelöst. Den Wünschen Ungarns stand Franz Ferdinand aber nur mit Haß und Abneigung gegenüber, so daß eine Lösung der Probleme Österreich-Ungarns auf diesem Wege auch fraglich erschien. Architekt dieser Trialismus-Lösung war Franz Ferdinand selbst, der Einfluß dazu dürfte wohl auch von der Gräfin Chotek, der Gattin des Thronfolgers, gekommen sein. Clam-Martinic hätte dies ausführen sollen. Die Schüsse von Sarajewo beendeten die Versuche einer slawenfreundlichen Lösung der Probleme Österreich-Ungarns. Hier in Clam hätte Weltgeschichte geschrieben werden können, wenn die Männer um Franz Ferdinand in Friedenszeiten zum Zuge gekommen wären.

Unterhalb der Burg befinden sich ein Atombunker und die Burgbrauerei, die ein köstliches Bier anbietet.

Sie setzen Ihre Radfahrt auf der Straße, die in den Ort führt, fort, fahren dann rechts in Richtung Grein. Dort passieren Sie das **August-Strindberg-Haus**, der hier in Klam lebte und sich seine Sünden in einer unglücklichen Ehe abbüßen mußte. Sein Lieblingsort war die einsame Klammschlucht. Im Schloß versuchte Strindberg, Gold auf künstlichem Wege zu erzeugen.

Die Radtour führt leicht bergauf, bei den Bauernhöfen fahren Sie links und gelangen so auf einer Straße mit herrlichen

Ausblicken und einer abschließenden Schußfahrt zu Tal nach Grein. Von Baumgartenberg bis Clam rechnen Sie mit etwa 20 Fahrminuten, insgesamt werden Sie bis Grein inklusive der Burgbesichtigung an die 2,5 Stunden brauchen.

Noch ein Tip für die Übernachtung:
Ein beliebter Nächtigungsort für Donauradweg-Urlauber ist Bad Kreuzen. Der Kneipport ist nur 6 km von der Donau entfernt und bietet eine schöne Aussicht auf das Donautal. Bad Kreuzen verfügt seit knapp 100 Jahren über eine gute Gastronomie und bietet ein Abholservice von Grein an, so daß den Radfahrer nach einer relativ langen Tour keine anstrengende Bergfahrt erwartet.

Auch der Schiffermarkt **St. Nikola an der Donau** – hier endeten die gefürchteten Stromschnellen, die Schiffe konnten wieder beladen werden und es ging in ruhigerem Gewässer weiter Richtung Wien und Budapest – ist bei den Radwanderern ein beliebter Nächtigungsort. Die Quartiergeber von St. Nikola bieten eine Gratisüberfahrt ans rechte Ufer, da der Donauradweg ab der Donaubrücke Grein am rechten Ufer verläuft. Die Radtour von Grein nach St. Nikola entlang der B 3 ist allerdings nur mäßig schön, man fährt auf einem Radfahrstreifen am linken Fahrbahnrand, da kommen einem die Fahrzeuge schon mit 100 Sachen entgegen und man hat nur 2 m seitlichen Abstand zu den Autos. Allerdings herrscht wenig Verkehr.

Der Burg Clam ist einen Besuch, ja sogar einen Umweg wert. Wie ein Märchenschloß liegt die Burg über der Klammschlucht, dem Lieblingsort von August Strindberg.

4. Tag:
Grein – Ybbs/Persenbeug – Melk

Grein (218 m) – Ybbs/Persenbeug (220 m) – Maria Taferl (440 m) – Klein-Pöchlarn (216 m) – Artstetten (395 m) – Melk (209 m)
Streckenlänge: 51 km

Mit einer Fahrzeit von 4 Stunden für die 51 km bis Melk ist dieser Abschnitt der Tour relativ kurz, so daß der Tag auch für Besichtigungen und einen Ausflug in die Stillensteinklamm genützt werden kann. Alles zusammen sind Sie 6,5 Stunden unterwegs, wenn Sie Schloß Artstetten in Ihr Programm mit einbeziehen.

Von **Grein** radeln Sie zurück zur Donaubrücke, überqueren den Nibelungenstrom und fahren dann am rechten Ufer weiter. Nun befinden Sie sich auf einem Weg, der von Autos wenig, aber doch befahren wird und daher eine gewisse Vorsicht erfordert, wenngleich sich die Anrainer schon an die Radfahrer gewöhnt haben und sehr vorsichtig fahren.

Bald wird die **Donauinsel Wörth** sichtbar, dann die dahinterliegende **Burg Werfenstein**. Beide Namen stammen vom Wort „werfen". Hier war das Zentrum der Struden, die kleine Ortschaft am Fuß der Burg trägt auch diese Bezeichnung. „Struden" sind jene Donauwirbel, die zwischen Grein und St. Nikola die Schiffahrt gefährdeten. Um diese Donauinsel im Hügelland – was an sich schon selten ist, aber im Rheingau auch vorkommt – rankt sich eine schöne Sage, die allerdings seit dem Kraftwerksbau in Vergessenheit zu geraten droht:

Die Schwester der Loreley ist die Donaunixe. Sie lebte unter dieser Donauinsel und betörte durch ihre Erscheinung die Schiffer, die Schiffe liefen auf Grund. Die Donaunixe war bei Schiffern gefürchtet, und so malte man vor der Mitte des 19. Jh. eine große Darstellung des hl. Christophorus an die Außenwand der Kirche von St. Nikola, denn wer eine Christophorus-Darstellung gesehen hatte, dem konnte an diesem Tag kein Unheil mehr geschehen. So lautete der Aberglaube. St. Nikola liegt am Ende der Struden, also da konnte ohnehin nicht mehr viel passieren.

Burg Werfenstein befindet sich in Privatbesitz. Primarius Dr. Kropf renovierte die Burg vor etwa 30 Jahren, mußte damals wegen der hohen Kosten aber sehr sparen. Bei einem Unfall infolge von Aquaplaning wurden abgefahrene Reifen festgestellt. Seine Gattin verstarb bei diesem Unfall, kurz vor Ende der Renovierungsarbeiten und der Pensionierung des Primars. Die Burg war noch um die Jahrhundertwende bewohnt und hatte einen deutschnational gesinnten Besitzer. 1907 soll erstmals hier eine Hakenkreuzfahne gehißt worden sein.

Waldhausen

Wenn Sie so die Donau entlang radeln und die Gefahren für die Schiffahrt bedenken – hier ist der Wasserstand der Donau jetzt um ganze 12 m höher als vor dem Kraftwerksbau, die gefährlichsten Felsen wurden auf Anordnung von Kaiser Franz Josef gesprengt –, so kommen Sie vielleicht auf den Gedanken, daß es da noch etwas Gewinnbringendes gab, abgesehen von den Lotsengebühren, die die Schiffmeister von Grein einnahmen: Das Strandgut! Wenn ein Schiff auflief, dann gab es Strandgut. Und Strandgut, das zwischen Werfenstein und Ybbs angeschwemmt wurde, gehörte dem **Kloster Waldhausen**. Die herrliche Barockkirche, nur 6 km von der Donau entfernt, ist eine Besichtigung wert.

Wenige Kilometer nach St. Nikola sehen Sie den schönen Schifferort **Sarmingstein**. Beachten Sie den aus Granit gebauten Turm, es handelt sich um die Reste der Burg Säbnich, die Stelle, an der das Kloster Waldhausen ursprünglich erbaut werden sollte. Da aber hier das Tal eng war und man nicht genügend ebene Flächen für ein Kloster vorfand, übersiedelten die Augustiner Chorherren nach Waldhausen

So Sie Grein nur vom rechten Ufer betrachten, entgehen Ihnen schöne Eindrücke wie die prächtige Greinburg, das Theater und ein Biedermeiercafé.

und bauten dort ein prächtiges Kloster, das allerdings 1792 endgültig aufgehoben wurde. Wenn Sie sich für Kunst interessieren, sollten Sie unbedingt von Grein aus per Postbus (Räder werden bei Kleingruppen mitgenommen) nach Waldhausen fahren. Retour geht's ohne Anstrengung. 190 Höhenmeter wären zu überwinden.

Gegenüber von St. Nikola, am rechten Ufer und daher für Sie nicht gut sichtbar, befindet sich die **„Schwarze Wand"**, ein hoch aufragender Felsen, und knapp zwei Kilometer nach der Höhe von Sarmingstein sehen Sie die **Ruine Freyenstein**, aber auch nur, wenn Sie sich den Hals verrenken. Hier stoßen Sie auf die Straße von Neustadtl nach Ybbs, die man aber bezüglich ihrer Gefährlichkeit nicht unterschätzen sollte.

Ybbs-Persenbeug

So erreichen Sie Ybbs, genauer gesagt die Staustufe **Ybbs-Persenbeug**. Es ist eines der ältesten Donaukraftwerke, errichtet zwischen 1957 und 1959. Damals war man noch mächtig stolz auf diese Bau-Leistung, das Donaukraftwerk Ybbs-Persenbeug wurde sogar auf der höchsten Banknote Österreichs, dem Eintausend-Schilling-Schein, abgebildet. Auf diesem Prunkbau überqueren Sie die Donau.

Heute baut man Kraftwerke nicht mehr kombiniert mit einer Donaubrücke. Zum einen haben wir anscheinend mehr Geld; in Melk sind zum Beispiel Brücke und Staustufe nur wenige Kilometer voneinander entfernt; zum anderen ist es ein hohes Risiko. Terroristen könnten so leichter Anschläge verüben, meinte man in den 80er Jahren. Hier an der Staustufe sind Sie bereits 24 km von Grein entfernt.

Beim Kreisverkehr in Ybbs radeln Sie rechts, dann ein Stück weiter auf der B 3. Der Beschilderung folgend biegen Sie rechts ins Zentrum von **Persenbeug** ein und durchfahren die kleine Gemeinde am Fuße des Habsburgerschlosses; schon sind Sie wieder an der Donau. Hier haben Sie einen schönen Blick auf Ybbs. Die Stadt haben Sie – so Sie gleich über das Kraftwerk fuhren – im wahrsten Sinne des Wortes übersehen. **Ybbs** ist mit 5800 Einwohnern ein kleines Gewerbezentrum in dieser Region. Die Westbahn verläuft südlich der Stadt, auch die Autobahnanbindung ist nur 6 km vom Stadtzentrum entfernt. Dadurch hat sich eine leistungsstarke Wirtschaft entwickeln können.

Die bereits 1317 zur Stadt erhobene Donaugemeinde bietet mit der 1490 errichteten dreischiffigen **Staffelkirche** und dem **Schiffmeisterhaus** am Schiffmeisterplatz (Nummer 3) zwei interessante Sehenswürdigkeiten. Erwähnenswert ist noch die **Pfarrkirche zum hl. Donatus**, die 1765 erbaut wurde und sich mit ihren prächtigen Stuckarbeiten und einem sehr schönen Hochaltarbild des berühmten Barockmalers Paul Troger zur Besichtigung empfiehlt. Auffallend von der anderen Flußseite ist auch das donauaufwärts vom Zentrum gelegene psychiatrische Krankenhaus der Stadt Wien.

Persenbeug

Persenbeug ist der kleinere, ruhige Ort am linken Ufer. Ganze 1900 Einwohner sind in der großen Gemeinde verstreut. Das mächtige **Schloß** beherrscht das Ortsbild. Es gehört heute einer Besitzergemeinschaft von ca. 30 mehr oder weniger entfernt verwandten Habsburgern und ist nicht zugänglich. Die Geschichte des mächtigen Bauwerkes ist interessant und voller Ironie. 1887 wurde hier der letzte Kaiser Österreich-Ungarns, Karl I., geboren. Damals war er von der Thronfolge weit entfernt, kein Mensch außer den Bauern der Umgebung und der Familie nahm Notiz von ihm. Am 28. Juni 1900 hatte Franz Ferdinand stellvertretend für seine Kinder auf deren Thronrechte verzichtet. Trotzdem aber war Karl über 16 Jahre zur Thronfolge vorgesehen, und da passierte ihm schon bei der Auswahl seiner Gattin ein Mißgeschick: Wie der unglückliche Nikolaus II. von Rußland entschied Karl sich für eine Angehörige aus einer späteren Feindesnation. Kaiserin Zita war Italienerin, und noch in den 60er Jahren war so mancher Teilnehmer am Ersten Weltkrieg davon überzeugt, daß Zita unsere Stellungen verraten hätte. Karl hatte viel, für einen Kaiser in so bewegten Zeiten zu viel und meist unverschuldetes Pech in seinem Leben. Genauso ein unverschuldetes Pech hatte Heinrich III, der als deutscher Kaiser mit Rittern, Äbten und Bischöfen im Rittersaal von Persenbeug dinierte und seine erfolgreichen Kriege gegen den Böhmenherzog Bretislaw feierte, als der Rittersaal zusammenbrach und viele starben. Der Kaiser selbst überlebte nur durch einen Zufall. Erst im 19. Jh. renovierte man das Schloß, das aber nicht zu besichtigen ist.

Jetzt radelt man auf Nebenstraßen durch fruchtbares Gebiet. Diese Strecke ist zwar 1,5 km länger als die Route auf der Bundesstraße, dafür kommt man aber in den kleinen Ort **Gottsdorf** direkt an der Donau, gegenüber von **Säusenstein**. Dort befindet sich eines der günstigsten Gasthäuser am Donauradweg. Dann erreicht man wieder die B 3 und radelt auf einem Streifen zwischen Bundesstraße und Donau dahin bis nach Marbach an der Donau, wo bereits Dammbauten der Staustufe Melk das Ortsbild prägen.

Marbach an der Donau

Früher war Marbach der bedeutendste Holzhandelsplatz dieser Region, ab ca. 1660 profitierte der oftmals überschwemmte Ort von den Wallfahrern, die ins nahe **Maria Taferl** pilgerten. Bemerkenswert ist das der Donau zugewandte Herrenhaus, das einem Schloß ähnlich 1575 erbaut wurde und von 1816 bis 1972 zu Persenbeug gehörte. Schön auch Haus 28, das Rathaus mit einer Amtskanzlei aus dem späten 16. Jh. Die

Schule ist das Erstlingswerk des berühmten Architekten Clemens Holzmeister, der in Salzburg beide Festspielhäuser errichtet hat.

Pöchlarn

Die Radtour führt nun auf dem Damm ins nahe **Klein-Pöchlarn**. Von dort sehen Sie über die breite, einem See ähnliche Donau hinweg am rechten Ufer die Stadt Pöchlarn. Pöchlarn wurde bereits im Nibelungenlied als „Bechelaren" genannt und war römisches Kastell, später markomannisches Reiterlager und dann ab dem Hochmittelalter ein bedeutender Hafen für Eisenwaren aus der nahen Eisenwurzen. Markant ist die 1389 bis 1429 erbaute **Pfarrkirche**, die durch den wuchtigen Zwiebelturm auffällt. Im Inneren befinden sich sehenswerte Altarbilder von Martin Johann Schmidt. Auffällig sind auch die beiden Türme der Stadtbefestigung, in einem davon ist das Heimatmuseum untergebracht.
Liebhabern der Malerei ist die Stadt als Geburtsort von Oskar Kokoschka bekannt, in dessen Geburtshaus im Haus Regensburger Straße 29 eine bescheidene Dokumentation eingerichtet wurde.

Schloß Artstetten

Klein-Pöchlarn und Pöchlarn sind mit einer Fähre verbunden. Erwähnenswert ist nicht so sehr ein Ausflug nach Süden, denn nördlich des Donauradweges erwartet Sie eines der schönsten Schlösser Österreichs, das Habsburgerschloß **Artstetten**. Genau 3 km mit einem Höhenunterschied von 245 m sind zu überwinden. Ungefähr die Hälfte ist Schiebestrecke, dann geht es nur mäßig bergauf. Artstetten ist auch einem breiten Publikum bekannt, seit die TV-Serie „Donauprinzessin" hier gedreht wurde. Das Schloß wurde zum Hotel umfunktioniert. Die Beschreibung des Schlosses entnehmen Sie dem kunsthistorischen Teil. Hinweisen möchte ich noch auf das hervorragende und günstige Restaurant im Schloßgasthof Artstetten.
Die Radtour führt jetzt weiter entlang der hier etwa 300 m breiten Donau zur **Ruine Weitenegg**. Als Besitzer wurde 1108 Leupold von Wideriche genannt, ab 1296 stand Weitenegg im Besitz der Kuenringer, die sich gegen die Habsburger erhoben; daher wurde sie durch Albrecht I. zerstört. Ruine ist sie erst seit dem 18. Jh., der Burgfried ist allerdings gut erhalten. Jetzt wird entlang des Altarmes der Donau weitergeradelt. Hier erfolgten im Zuge des Kraftwerksbaus schwere Eingriffe in die Landschaft.

Melk

Vor der Staustufe Melk gilt es, sich zu entscheiden: Geradeaus können Sie über das Kraftwerk ans rechte Ufer kommen und so Melk mit dem bedeutenden **Benediktinerstift** besichtigen, was an sich auch sehr empfehlenswert wäre. Aber die Sache hat einen Haken: Die Fahrt zurück ans linke Ufer über die hohe Donaubrücke ist eine Zumutung, denn es heißt, 4 km Staub schlucken. Aber Melk müßte Ihnen das wert sein. Wenn Sie die Brücke nicht passieren wollen und am rechten Ufer vorbei an Schönbühel weiterfahren, ist es sogar noch ärger! Das ist Radfahrern fast nicht zuzumuten: Eine Fernstraße, die kein Ende nimmt und bei Schönbühel noch dazu um ca. 70 Höhenmeter ansteigt. Wenn Sie Melk nicht interessieren sollte, so bleiben Sie am linken Ufer, fahren Sie der Beschilderung folgend über Emmersdorf, wo die Brücke von Melk endet, nach Spitz. Die Stadt Melk ist von Ybbs 29 km entfernt und in knapp 2,5 Stunden von dort erreichbar. Die Beschreibung entnehmen Sie dem kunsthistorischen Teil.

Die Stiftskirche Waldhausen ist ein lohnenswerter Abstecher im Abschnitt Grein–Melk; der Linienbus der Post bringt Sie samt Rad in den ca. 200 Höhenmeter über der Donau gelegenen Ort.

5. Tag:
Melk – Spitz – Weißenkirchen – Dürnstein

Melk (209 m) – Aggsbach (240 m) – St. Michael (200 m) – Weißenkirchen (206 m) – Dürnstein (207 m)
Streckenlänge: 33 km

Schallaburg

Bereits um 1110 wurde ein Graf von Scallach erwähnt, 1242 entstand die Festung.1431 fiel sie an das mächtige Geschlecht der Losensteiner in Oberösterreich, die 1576 eine Vorburg mit prächtigem Laubenhof und einen Turnierhof errichteten. Dabei verschuldeten sie sich so sehr, daß sie die Burg 1614 endgültig an den Grafen Stubenberg verkauft mußten.

Sehenswert sind das über dem mächtigen Burggraben gelegene erste Portal (1583), der berühmte Terrakottahof (1573), der kleinere Burghof mit Bergfried und Kapelle (1662) sowie das Hochgrab Wilhelms von Losenstein (1587).

In der in Staatsbesitz befindlichen Schallaburg werden alljährlich Ausstellungen zu teilweise hochinteressanten Themen organisiert.

Mauer

Besonders Kulturinteressierte werden noch den Flügelaltar in der Ortskirche von Mauer bei Melk besichtigen, der etwa 50 Höhenmeter und 14 km von Melk entfernt liegt. Der aus Lindenholz geschnitzte Altar ist das bedeutendste Kunstwerk gotischer Schnitzkunst in Niederösterreich; eine Verwandtschaft zu Kefermarkt wird angenommen und ehrt das Kunstwerk in der bescheidenen Ortskirche.

In Melk radeln Sie zunächst an der Schiffsstation der DDSG vorbei. Wenn Sie der Straßenbeschilderung folgen, kommen Sie über die Donaubrücke nach Spitz bzw. Dürnstein. Beachten Sie, daß bei der Brückenauffahrt eine Stiege – zwar steil und mit sehr vielen Stufen – der ungefährlichere Weg auf die Brücke ist. Sie erreichen so die Brücke, die für Schnellfahrer gebaut wurde und auch als Schnellfahrstrecke benützt wird, und gelangen ans linke Ufer. Bei der Einmündung in die B 3 verläuft am gegenüberliegenden Straßenrand schon der Donauradweg. Laut Straßenverkehrsordnung trägt er übrigens die Bezeichnung „Donauweg", denn „Radwege" sind, was Breite, Fahrbahnniveau etc. betrifft, in Österreich gesetzlich genormt.

Sie biegen also in den Donauweg links – donauabwärts – ein. Hier am Beginn präsentiert sich die Wachau nicht von der schönsten Seite. Man muß schon sehr genau durch die Bäume des Auwaldes spähen, um das **Schloß Schönbühel** auf einem 40 m hohen Felsen über der Donau zu erkennen.

Schönbühel

Zu Beginn des 9. Jh. bereits erwähnt, stand Schönbühel zunächst im Besitz der Passauer Bischöfe. 1414 wurde die Burg prächtig ausgebaut. Zwischen 1819 und 1821 erhielt sie mit dem jetzigen Zwiebelturm das Aussehen eines Landschlosses. Bemerkenswert ist der Felsen vor dem Schloß mitten im Flußbett der Donau. Bei erhöhtem Mittelwasser ist der Felsen gar nicht zu sehen, bei Niederwasser läuft es so manchem Gast auf den DDSG-Schiffen kalt über den Rücken, wenn er sich vorstellt, was bei einem Aufprall passieren könnte.

Etwas unterhalb von Schönbühel befindet sich das **Servitenkloster**, das aus dem Jahr 1666 stammt. Bemerkenswert sind die kleinen Altane hinter dem Hochaltar der Pfarrkirche und ein Abstieg über den Felsen zum Donauufer.

Aggsbach

Allmählich wird das Tal enger und man gelangt wieder direkt ans Donauufer. Hier passieren Sie auch die 200-Meter-Grenze: Linz liegt auf 260 m, Wien auf 171 m Seehöhe. Als einen der ersten Orte mit dem typischen Wachauer Ortsbild (enge verträumte Gassen mit kleinen Häusern in marktähnlicher Bauweise, keine Bauerndörfer wie in der Umgebung) erreichen Sie **Aggsbach-Markt**. Dieser 700-Seelen-Markt mit einer schönen romanischen Pfeiler-Basilika liegt am Fuße des 959 m hohen Jauerlings, auf dem eine der ersten Sendeanlagen des ORF (Österreichischer Rundfunk) erbaut wurde.

Weiter radelt man entlang der Donau bis nach **Willendorf**, ein in der Gemeinde Aggsbach gelegener kleiner Ort, der in Kunsthistoriker-Kreisen wegen einer 1908 entdeckten Kalksteinfigur – der Venus von Willendorf – bekannt ist. Dieses nur 11 cm große Fruchtbarkeitssymbol soll 26.000 Jahre alt sein und wird im Naturhistorischen Museum in Wien verwahrt. Die Venus von Willendorf weist auf die frühzeitliche Besiedelung hin. Eine zweite, aus einem Mammutstoßzahn geschnitzte Statuette wurde hier 1926 gefunden. Kaum 200 m vom Bahndamm wird eine Kopie in einhundertfacher Vergrößerung zur Besichtigung angeboten.

Burgruine Aggstein

Weiter radelt man durch die jetzt enge Wachau, die von der rechts am Hügel liegenden Burgruine **Aggstein** beherrscht wird. Die etwa 310 m über der Donau gelegene mächtige Festung wäre in einem Fußmarsch von etwa 1 Stunde (die Beschilderung nennt fälschlicherweise 30 Minuten) erreichbar, so Sie am rechten Ufer gefahren wären.

Die Burg wurde von den Kuenringern auf einem strategisch günstig gelegenen Felsen errichtet, der auf drei Seiten zur Donau hin abfällt, und zählt zu den geschichtlich bedeutendsten Burgen Österreichs. 1529 wurde Aggstein von den Türken zerstört, der Verfall begann aber erst nach 1685. Zu sehen sind

Aggstein ist die bedeutendste Burganlage der Wachau. So es Ihr Tagesplan erlaubt, sollten Sie einen zweistündigen Ausflug einplanen.

in der mustergültig instandgesetzten Anlage Reste der Burgkapelle, des Bergfriedes und des berühmten Rosengartens.

Die Radtour führt aber am linken Ufer weiter in den kleinen Weinbauort **Schwallenbach**. Die normalerweise geschlossene Kirche (den Schlüssel erhalten Sie beim Mesner im Haus Nummer 30) birgt als wertvolle Kostbarkeit das Kremser-Schmidt-Gemälde des hl. Sigismund. Nahe der spätgotischen Kirche fällt das um 1600 erbaute „Glöckerl von Schwallenbach", ein Ansitz mit Bergfried, auf, der nach einem Brand im Jahre 1463 wiederaufgebaut wurde.

Verläßt man den Ort in Richtung Spitz, wird das Tal enger, und ein Felsvorsprung – im Volksmund **„Teufelsmauer"** genannt – wird deutlich sichtbar. Der Name rührt von der Schwallenbach gegenüberliegenden Kirche St. Johann im Mauerthale her. Der Teufel wollte durch den Bau einer Staumauer der Wallfahrtstätigkeit ein Ende bereiten oder auch den Benediktinern von Melk den Garaus machen, eventuell sogar beides. Kurzum, er entschied, hier eine Staumauer hier zu errichten. Nur ein zu früh krähender Hahn verhinderte die Vollendung des Bauwerkes, denn nach dem Volksglauben kann der Satan seine Arbeiten nur bis zum ersten Hahnenschrei verrichten. Der Hahn war also der Retter von St. Johann im Mauerthale, der

Wallfahrtskirche und der Benediktiner von Melk. Auf dem Turm der gegenüberliegenden Kirche ist er verewigt, der schlecht schlafende Hahn.

Interessant mag vielleicht noch sein, daß in den Jahren 1974/75 in Österreich eine heftige Diskussion darüber entbrannte, ob 6 km donauabwärts von hier eine Staustufe, also ein Donaukraftwerk, errichtet werden sollte. Nach heftigen Bürgerprotesten wurde diese Variante jedoch fallengelassen.

Spitz

So erreichen Sie Spitz, mit dem Tausendeimerberg einer der bekanntesten Weinorte Österreichs. Der mächtige Hügel direkt hinter dem Ortszentrum beherrscht das Ortsbild von Spitz, die dort gelegenen Weinberge sollen in durchschnittlichen Jahren angeblich eintausend Eimer Wein gegeben haben.

Der malerische Ort an der Mündung des Spitzbaches in die Donau gehörte um 811 zum niederbayerischen Kloster Niederaltaich, fiel aber 1159 an das Stift St. Florian, wahrscheinlich auch deswegen, weil vermutet wurde, daß die Leiche des populären Heiligen im Gebiet um Spitz angeschwemmt worden sei. Spitz wurde bereits 1347 zum Markt erhoben, aber schon einige Jahrzehnte vorher, um 1285, wurden zwei Burgen urkundlich genannt. Spitz war wegen des kleinen Spitzbachs von Bedeutung, denn das Tal bot so Zutritt ins Hinterland (Waldviertel), und eine günstige Holzschwemme (während der Schneeschmelze wurde der erhöhte Wasserstand nach einem genau ausgeklügelten System und mit zahlreichen Helfern entlang der Strecke zum Holztransport genützt) bot gute Handelsmöglichkeiten.

Sehenswert ist in Spitz vor allem das Schiffahrtsmuseum im **Erlahof**, dem Wirtschaftshof des Klosters Niederaltaich, der im 14. Jh. angelegt und später barockisiert wurde. Freskenreste aus der Errichtungszeit finden sich im Stiegenhaus, im Prälatenzimmer stehen eine Tragorgel der Schiffsleute und Modelle mittelalterlicher Donauschiffe. Im Adlerzimmer wird einer der Schiffszüge im Modell veranschaulicht; dies ist für Radurlauber besonders interessant, zeigt es doch die frühere Verwendung der Treppelwege. Erwähnenswert sind außerdem Darstellungen des Bootsbaues und des Gütertransportes in früheren Jahrhunderten.

Das Museum ist in der Sommersaison täglich von 10 bis 12 und von 14 bis 16 Uhr zugänglich.

Eine weitere Sehenswürdigkeit, die die meisten Radfahrer besuchen, ist die spätgotische **Hallenkirche zum hl. Mauritius**, eine der seltenen Pfarrkirchen mit geknicktem Langchor. Die mittelalterliche, wehrhafte Umfriedungsmauer, zum Teil aus unbehauenen Blöcken, läßt auch heute noch erahnen, daß das 1222 als Zentrum einer selbständigen Pfarre errichtete Gotteshaus auch eine zweite Funktion besaß: Schutz vor

Räuberhorden und kleineren Streitmächten. Man war sich wohl klar, daß eine Wehrkirche wie diese einer anrückenden Streitmacht der Türken nicht standhalten könnte, aber „Streitmächte" von 20 Söldnern und weniger – und das war die in dieser Zeit übliche Bedrohung – konnten sehr wohl erfolgreich abgewehrt werden.

Der Turm stammt aus dem frühen 14. Jh. und wurde wohl primär auch aus Verteidigungsgründen errichtet. Chor und Langhaus folgten dann zwischen 1508 und 1514. Der 20-Grad-Knick zwischen Langhaus und Chor – es gibt nur sieben Kirchen dieser Art in ganz Österreich inklusive der Gebirgsregionen, wo eine derartige Konstruktion oft zwingend notwendig war – dürfte aus Sparsamkeits- und Geländegründen gewählt worden sein. Das bedeutende Hochaltargemälde sollten Sie sich näher ansehen: Es stellt die „Marter des hl. Mauritius" dar und stammt vom bekannten Barockmaler Kremser Schmidt. Es ist angeblich eines seiner letzten Gemälde, 1799 fertiggestellt. Im vorderen Joch des Langhauses bewundert man ein seltenes Sterngewölbe (in der Mitte der Kirche, knapp vor Beginn des Chorrraumes), das mit perspektivischen Mitteln eine starke Spannung erzeugt und in fast allen Kunstführern als einmalig beschrieben ist. Auf der Orgelempore werfen Sie noch einen Blick auf die 1380 gefertigten Statuen von Jesu und den Zwölf Aposteln. Der schöne Ausblick auf die Donau vom Friedhof soll Ihnen schlußendlich noch empfohlen werden.

Sehenswert ist weiters die **Ruine Hinterhaus**, die Sie über einen engen Weg erreichen, der in der Nähe des Erlahofs beginnt und Sie zum südwestlichen Marktende und der dort gelegenen gemeindeeigenen Ruine führt.

Sie betreten die Ruine von der östlichen Schmalseite. Erhalten sind der (zweite) Torturm mit Pechnase sowie Reste des Palas und der romanische Bergfried, von dem sich eine schöne Aussicht bietet. Urkundlich wurde die Burg um 1243 erstmals erwähnt, ab 1256 war sie Feste des Lehensritters Arnold von Spitz und bis 1355 Sitz der Kuenringer, einem der einflußreichsten Geschlechter Niederösterreichs. Nach 1504 ging sie in landesfürstlichen, in diesem Falle also habsburgischen, Besitz über. Am Ende des 16. Jh. setzte der Verfall ein, und seit 1970 ist die Ruine Hinterhaus schließlich Gemeindeeigentum.

Schön auch das sogenannte **Untere Schloß**, das etwas erhöht über dem Ort im Jahre 1256 erbaut und im 16. sowie 17. Jh. umgestaltet wurde. Zu sehen sind die noch gut erhaltenen Portale; der Rest befindet sich in einem schlechten Bauzustand; dies gilt auch für die Reste der evangelischen Kapelle, die 1620 im Dreißigjährigen Krieg von einer Art Terrorgruppe, den „Schwarzen Reitern", zerstört wurde.

Schlußendlich sei Ihnen für einen abendlichen Spaziergang der **Pastorenturm** am Friedhof empfohlen. Ansprachen des jeweiligen Pastors dauerten oft drei Stunden und länger. So baute man einen freistehenden Predigtstuhl, der heute inmitten des katholischen Friedhofes steht. Es bestand also keine übertriebene Feindschaft zwischen den christlichen Konfessionen, vielleicht auch deswegen, weil in Spitz seit dem 15. Jh. bis etwa 1670 eine starke jüdische Gemeinde existierte.

In Österreich gibt es zwei Hotels, die besungen werden: Das weltbekannte Hotel Weisses Rössl in St.Wolfgang, ein ausgezeichnetes First-Class-Hotel, und hier das **Hotel Mariandl** in der Kremserstraße 2 mit seiner interessanten Fassade aus dem Jahre 1910. Es wurde durch einen Film mit Hans Moser berühmt.

St. Michael
Die Radtour führt aber nun leicht ansteigend über die Bahntrasse nach St. Michael. „Wachau" war ursprünglich die Bezeichnung für ein um 1150 entstandenes Kommunalwesen mit dem Hauptort Weißenkirchen; dieses Gemeinwesen erstreckte sich zwischen St. Michael und Dürnstein mit Weißenkirchen als Hauptort und nannte sich „Thal Wachau".

Niederösterreich ist ein Weinland; in der Wachau schätzen alle außer mir den Grünen Veltliner; ich ziehe diesem Wein mit hoher Säure den Rosé vor. Dürnsteiner Rosé-Weine gehören zu den besten Mitteleuropas. Testen Sie beides beim preisgünstigen Heurigen!

Die Pfarre war in der gotischen Wehrkirche von St. Michael beheimatet. Erläuterungen zu dieser sehenswerten Kirche finden Sie im kunsthistorischen Teil.

Jetzt verläuft der Radweg schön durch Weingärten, rechts der herrliche Blick auf die Donau. Vorbei an Heurigen erreichen Sie zunächst **Wösendorf** und dann **Joching**, wo man am Florianihof (Wösendorf 74, ehemaliger Lesehof) und am Prandtauerhof (Restaurant) vorbeiradelt. Der Florianihof erinnert daran, daß die geistliche Betreuung in den Händen der Augustiner Chorherren von St. Florian lag, die diese unter ziemlichem Protest seitens der Bevölkerung vor etwa 30 Jahren aus Nachwuchsgründen aufgeben mußten. Die **Wösendorfer Kirche** bietet auch ein sehr schönes Hochaltarbild des Kremser Schmidt, das die „Ertränkung des hl. Florian" darstellt. Der 1784 bis 1791 erbaute spätbarocke Saalbau, an dem viele Radler in ihrem Dürnstein-Fieber vorbeifahren, ist eine Besichtigung wert.

Das erst seit 1972 zur Gemeinde Weißenkirchen gehörige **Joching** bietet mit dem Prandtauerhof eine barocke Vierflügelanlage, die heute an der B 3 liegt. 1696 wurde der ehemalige Lesehof des Augustiner Chorherrenstiftes St. Pölten vom berühmten Barockbaumeister Jakob Prandtauer erbaut; nach einem Brand im Jahre 1962 restauriert. Heute ist er ein bekanntes Restaurant.

Weißenkirchen in der Wachau

Durch Weingärten radelnd erreichen Sie Weißenkirchen in der Wachau, ein auf 206 m Seehöhe gelegener Markt mit 1800 Einwohnern, einer der bekanntesten Weinorte der Wachau, er gilt als ein Zentrum der Veltliner-Erzeugung. Der Ort ist ruhiger als die beiden Nachbarn Spitz und Dürnstein, der Wein ist aber in seiner Qualität sicher um keine Spur schlechter, wenn nicht sogar wegen des Bemühens der Winzer gelegentlich qualitätsvoller.

Das Bild des bis 1837 Markt „Thal Wachau" genannten Ortes ist geprägt von der mächtigen, auf einem Felsen stehenden **Pfarrkirche** mit dem 54 m hohen Turm, der über eine mit Schindeldach gedeckte Stiege mit 76 Stufen erreichbar ist. Vordergründig entsteht der Eindruck, als hätte man in Weißenkirchen Angst vor Regenschauern gehabt. Dieser gedeckte Gang aus dem Jahr 1531 ist jedoch nichts anderes als der Rest eines **Wehrganges**.

Die gesamte Anlage ist in ihren Grundzügen mehr eine Verteidigungsanlage als ein Gotteshaus und gilt als bedeutendste Kirchenfestung von Niederösterreich. 955 bis 980 wurde eine Fluchtburg mit dem schlichten Namen „Auf der Burg" errichtet. Beachten Sie die östlich der Kirche angelegten mächtigen Verteidigungstürme.

In der Kirche selbst fällt die Barock-Kanzel aus dem Jahr 1742 mit der Darstellung der vier Evangelisten auf. Das Netzrippengewölbe im Chorraum ist ein Rest der gotischen Kirchen-anlage. Das Hochaltarbild „Mariä Himmelfahrt" stammt vom berühmten Barockmaler Carl von Reslfeld, das Chorgestühl ist mit 1744 datiert. Rechts von der Kanzel steht eine Schutzmantelmadonna, die angeblich um 1520 von einem Meister der Donauschule gefertigt wurde. Beachtenswert sind auch noch die Rokoko-Orgel aus dem Jahre 1768 und der klei-ne Westturm (um 1400) mit gemauertem Kegeldach. Schön auch die beiden Eingänge, das reich profilierte Hauptportal und die verstäbte Südpforte (1450).

Sehenswert ist weiters der am Marktplatz gelegene **Teisen-hoferhof** oder Schützenhof, im dem heute das **Wachau-museum** untergebracht ist. Der in der Sommersaison täglich außer Montag von 10 bis 17 Uhr geöffnete Renaissancehof ist von beachtlicher künstlerischer Qualität. Immer wieder wird der schöne Lauben-Innenhof mit seinen wuchtigen Ecktürmen in Kunstbüchern und Kalendern abgebildet. Im Museum sind Bilder des Kremser Schmidt ausgestellt, sehenswert sind außerdem der Festsaal mit Wachauer Trachten, eine Darstellung der Geschichte des Hofes, die Waffenkammer mit Rüstzeug, landwirtschaftliche Geräte und eine mit 1766 da-tierte Weinpresse aus Poysdorf mit einem 7,5 m langen Preßbalken.

Schließlich sollten Sie in Weißenkirchen noch einen Blick auf das Raffelsberger Haus (auch als „Flammhof" bekannt, Spitzerstraße 54, ein ehemaliges Schiffmeisterhaus), den Lehensritterhof mit Turmkapelle, das Mautschifferhaus mit einer Fassade aus dem Jahre 1523 und auf den Salzstadel werfen – alles Zeugen einer reichen Vergangenheit.

Kultur wurde in Weißenkirchen schon immer groß geschrie-ben: Links von der Kirche befindet sich das Gebäude der ältes-ten Volksschule Niederösterreichs.

Nun wird die Radtour wird für ein kurzes Stück gefährlich, da der Radweg auf einem engen Streifen zwischen Bahndamm und B 3 verläuft. Zum Glück gibt nur wenig Gegenverkehr auf dem Donauradweg, denn es wird meistens donauabwärts geradelt, und zwar wahrscheinlich deswegen, weil die meisten Radler aus Deutschland und den Niederlanden kommen, und nicht, weil sich das Gefälle kräftesparend auswirken würde: Auf mehr als 300 Kilometern werden nur 120 Höhenmeter überwunden. Wenn Sie Kräfte sparen wollen, müssen Sie schon eher auf Rückenwind hoffen.

Dürnstein

So erreichen Sie Dürnstein, den wohl bekanntesten Ort der Wachau. Sie kommen auf der alten Straße in den Ort und bie-gen daher vor dem Tunnel links ein. Es ist wahrscheinlich sinn-voll, auf der engen Ortsstraße der kleinen Stadt das Rad zu schieben. Manchmal herrscht hier ein regelrechtes Gedränge, da Dürnstein ein beliebter Ausflugsort auch für die Wiener ist und viele Wien-Touristen am Weg dorthin hier Station machen. Nach dem Stadttor können Sie Ihr Rad entweder am Parkplatz nach der Unterführung oder bei einer der Gaststätten abstellen.

Der Wachauer Wein

Eine genaue Beschreibung von Dürnstein entnehmen Sie dem kunsthistorischen Teil. Für den Abend empfehle ich den Besuch eines **Heurigen**. Fragen Sie einen Einheimischen, wo „ausgesteckt" ist. Es gibt in der letzten Zeit auch Gastwirte, die „nach Heurigen-Art" anbieten. Mit einem echten „Heurigen" sind aber jene Winzer gemeint, denen es seit dem Jahre 1794 erlaubt ist, ungefähr drei Monate im Jahr den selbst produzierten Wein direkt zu verkaufen. Da gibt es auch kalte Speisen von zumeist herzhafter Qualität. Liebhaber trockener Weine werden den Grünen Veltliner schätzen, etwas lieblicher ist der Müller-Thurgau. Dürnstein ist auch wegen seiner guten Roséweine bekannt.

In Dürnstein sind auch die „Freien Weingärtner Wachau", eine Winzergenossenschaft, beheimatet. Vielleicht ist Ihnen noch der Name „Winzergenossenschaft Wachau" geläufig; diesen Namen legte man aber vor Jahren ab, weil es angeblich nicht mehr „in" war, Genossenschaftsweine zu verkaufen. Damit schossen sich die Weinbauern jedoch ein arges Eigentor, was aber bei den österreichischen Weinbauern und ihren Absatzorganisationen nichts Seltenes ist. Trotzdem sind die großen Kellereien der „Freien Weingärten Wachau" interessant, Sie können sie im Rahmen von Führungen besichtigen. Sie erreichen diese in Richtung Bahnhof Dürnstein-Oberloiben und dann geradeaus weiter.

Hier noch ein paar Worte zum Wachauer Wein: Heute unterscheidet man zwischen Landwein, Qualitätswein, Kabinett, Spätlese und Eiswein. In der Wachau kommen vor allem Grüner Veltliner, Müller-Thurgau, Neuburger und Rheinriesling-Sorten vor. Spitzenqualitäten liefert die Wachau im trockenen, schönfärbigen Weißwein. Mäßiger Duft, eine gewisse Fruchtigkeit sowie die Lagerfähigkeit von nur zwei bis drei Jahren ist den Wachauer Weinen – ausgenommen natürlich Spätlese und Eiswein – eigen. Die Hauptlesezeit ist Ende September, Spätlese und Eiswein ziehen sich bis Anfang Dezember hin.

In Österreich – besonders in der Wachau – ist man schon vor einiger Zeit den Weg der Qualität gegangen. Der Rebschnitt wurde forciert, Bodenbeschaffenheit, Rebsorten und Verarbeitung optimiert. Die bekanntesten – ich betone „bekanntesten" – Weine stammen aus den Weingütern Jamek/Joching, Franz Xaver Pichler/Loiben, Hirtzberger/Spitz, Prager/Weißenkirchen und Lagler/Spitz.

Der Weinbau in der Wachau geht zurück bis in die Römerzeit, also bis zur Zeitenwende. Manche glauben, den Weinbau sogar bis in die Keltenzeit zurückverfolgen zu können, das sind aber pure Spekulationen. Der Zeitgeschmack brachte den Weinbau zur Zeit Maria Theresias (1740–1780) auf einen Tiefpunkt, Essigsiedereien wurden durch einen Gnadenakt der Kaiserin zum Ausgleich erlaubt. Um die Jahrhundertwende versetzte dann die eingeschleppte Reblaus dem aufkommenden Wachauer Weinbau einen neuerlichen Tiefschlag. Heute sind das Mikroklima der Sonnenterrassen auf den Süd- und Südwestabhängen sowie der Lößboden Garant für einen edlen Tropfen, noch dazu entsprechen die trockenen Weine ganz und gar dem Zeitgeist. Wachauer Weißwein und eine Forelle aus den Bächen der Umgebung gehört sicher zum Besten, was Österreich, ja, vielleicht sogar Mitteleuropa, gastronomisch zu bieten hat.

Alle diese Angaben stammen aus einem Gespräch mit dem Linzer Domkapellmeister Reinthaler, der wie so viele der christlichen Glaubenslehre verhafteten Personen eine besondere Beziehung zum Wein hat.

6. Tag:
Dürnstein – Göttweig – Krems – Tulln

Dürnstein (207 m) – Loiben (192 m) – Krems (202 m) –
Mautern (195 m) – Stift Göttweig (449 m) – Rossatz (210 m) –
Tulln (180 m)
Streckenlänge: 63 km (inkl. Stift Göttweig)

Da die letzte Etappe relativ kurz war, gehe ich davon aus, daß
Sie Dürnstein schon besichtigt haben und um ca. 9 Uhr los-
starten wollen. Ich empfehle Ihnen, das Stift Göttweig zu
besichtigen; in diesem Fall müssen Sie mit insgesamt 63 km
Fahrstrecke rechen, die Sie (inklusive der Besichtigung von
Göttweig) in etwa 7,5 Stunden zurücklegen können. Dazu
kommen noch die Mittags- und andere Pausen.

Loiben
Sie radeln am Donauradweg zunächst auf der Straße Richtung Bahnhof und dann geradeaus weiter nach Loiben; genauer sind es die Straßendörfer Oberloiben und Unterloiben.
„Straßendorf" darf natürlich keinesfalls abwertend verstanden
werden; damit sind die Dörfer in Form von Häuserreihen entlang der Straße gemeint, die hier besonders stimmungsvoll
sind.
Im Jahr 860 schenkte Ludwig der Deutsche das Gebiet dem
Erzstift St. Peter in Salzburg, wo man offensichtlich ebenfalls
guten Wein schätzte. Interessanterweise hielt sich das bis
1803, also bis zur Eingliederung Salzburgs ins habsburgische
Reich im Rahmen der Napoleonischen Kriege. Napoleon erlitt
hier aber eine empfindliche Niederlage: Die Hauptstreit-
macht im Kriege gegen Österreich nahm 1805 den Weg über
St. Pölten, General Mautier marschierte noch dazu am linken
Donauufer. Hier in der Ebene von Loiben wurden die Franzosen unter Mautier am 11. November 1805 von den Russen
und Österreichern gestellt und im wahrsten Sinne des Wortes
vernichtet; angeblich soll kein einziger Franzose gefangen
genommen worden sein. Ein Denkmal nördlich der Bahn,
errichtet 1905, erinnert daran.
Unterloiben, ebenfalls noch zur Stadtgemeinde Dürnstein
gehörig, stand im Besitz von Kloster Tegernsee, wo es ebenfalls Weinfreunde gab. Daher auch die unterschiedlichen
Bezeichnungen auf so kleinem Fleck!
Sehenswert ist die **Pfarrkirche** von Unterloiben, die im 15. Jh.
durch einen Anbau in eine zweischiffige gotische Saalkirche
umgestaltet wurde und deren Hochaltarbild vom Kremser
Schmidt aus dem Jahr 1782 die Enthauptung des Kirchenpatrons, des hl. Quirins, zeigt.
Die Radtour führt nun weiter Richtung Krems; zuvor jedoch
noch ein kleiner Hinweis auf den Förthof, eine Kapelle im

Hause Nummer 9; das Hochaltarbild stellt den hl. Matthias dar. Der Vater des Kremser Schmidt schuf hier bedeutende Werke.

Krems

So erreichen Sie Krems, eine Stadt mit 23.100 Einwohnern. Beim Förthof fahren Sie der Beschilderung „Radweg Krems-Süd" folgend über die Auffahrt zur Donaubrücke Mautern, überqueren die Donau und radeln dann geradeaus weiter in die alte Römerstadt **Mautern**. Eine Beschreibung der zahlreichen Sehenswürdigkeiten von Krems und Mautern entnehmen Sie bitte dem kunsthistorischen Teil.

Stift Göttweig

Sie radeln am Rathaus Mautern vorbei und biegen zuerst vor dem Café Dietz links ab und dann rechts in den „grünen Weg" ein. Der Weg führt an der Kaserne entlang und über die Fladnitz. Dann radeln Sie durch die Siedlung nach Palt und weiter zur ÖBB-Haltestelle Furth-Göttweig. Alles zusammen etwa 6,5 km von der Donau entfernt. Über Stufen gelangen Sie nach **Göttweig**, der Festung Gottes. Die Aussicht allein entschädigt Sie schon für die Anstrengung des Aufstiegs. Die Besichtigung ist täglich von Ostern bis 31. Oktober ab 8 Personen um 10, 11, 14, 15 und 16 Uhr möglich. Die Beschreibung entnehmen Sie dem kunsthistorischen Teil.
Nun radeln Sie zunächst wieder in den Ort Palt zurück und weiter bis zum Damm der Fladnitz. Diesmal überqueren Sie

Im Strudengau ist die Landschaft besonders lieblich; die Donauinsel Wörth ist unbewohnt.

den Bach aber nicht, sondern radeln am rechten Uferdamm weiter und unter der mächtigen Schnellstraßen-Brücke durch. So kommen Sie auf den Damm, der nach wenigen Kilometern dicht an der Schnellstraße allmählich die Weiten des Tullner Feldes erschließt.

Krems
Nicht gesehen haben Sie auf dieser Route die Stadt Krems. Je nach Ihrem Geschmack sollten Sie daher vielleicht ein Stück Donauradweg in entgegengesetzter Richtung fahren, über die Donau hinüber und weiter bis zum Bahnhof, in dessen unmittelbarer Nähe die sehenswerte Fußgängerzone von Krems beginnt.
Ich lege Ihnen die Besichtigung des Kulturraumes Krems-Stein-Göttweig deswegen so ans Herzen, weil Göttweig für mich eine der schönsten Sehenswürdigkeiten Niederösterreichs ist, aber viele Radler sich auf Krems und Stein beschränken und Göttweig links liegen lassen. Ich persönlich würde Stein streichen. Auch wegen des herrlichen Ausblicks, den man von Göttweig aus hat. Wenn man die Tage den Strom entlang radelt, möchte man einmal hinauf und eine Übersicht haben.
Auf dem Damm kommen sie nun in den Stauraum von **Altenwörth**; die Staustufe liegt etwa 18 km unterhalb der Schnellstraßenbrücke von Krems, bei Gegenwind brauchen Sie für diese Strecke mindestens 1,5 Stunden, wobei besonders die zweite Hälfte recht langweilig ist. Vielleicht packen Sie so wie ich einiges Hausbrot ein und füttern damit die Schwäne bei einer kleinen Rast. Ein Lichtblick – nur durch die Schnellstraße vom Donauradweg getrennt und in 10 Fahrminuten leicht erreichbar – ist Hollenburg.

Hollenburg
In dem zur Stadt Krems gehörenden Ort ist die spätgotische **Pfarrkirche Mariä Himmelfahrt** interessant. Ihr Kirchturm ist niedriger als das Kirchdach. Das Rathaus mit Turm stammt aus der Zeit um 1700, der Pranger mit der Ritterstatue „Mandl ohne Kopf" war früher ein beliebtes Motiv. Im Park des Schlosses sehen Sie die Reste einer Burg, die 1248 erstmals genannt wurde.
Vor **Altenwörth** zweigen Sie der Beschilderung folgend rechts ab und gelangen zur Traisen. Sie überqueren die Traisen und radeln links wieder zur Donau zurück. So kommen Sie zur **Kernkraftruine Tullnerfeld**, das als **Atomkraftwerk Zwentendorf** wohl bekannter ist. Hier stehen im wahrsten Sinne des Wortes Milliarden herum, die jetzt der Strombezieher über den von den Monopolisten-Anbietern festgelegten Strompreis zahlen muß.
Der Entschluß, ein Atomkraftwerk zu bauen, wurde von allen drei Parlamentsparteien getragen. Da aber breite Bevölke-

rungskreise dagegen waren, rief Kreisky, der damalige Kanzler, zu einer vieldiskutierten Volksabstimmung auf. Kreisky warf sein ganzes persönliches Gewicht für eine Inbetriebnahme in die „Schlacht" und verlor. Ein österreichisches Schicksal, das Atomkraftwerk Zwentendorf; gebaut und niemals in Betrieb genommen.
Am Ort Zwentendorf vorbei erreichen Sie den kleinen Fluß Perschling. Dort verlassen Sie bis knapp vor Tulln die Donau. Über Langenschönbichl und Kronau gelangen Sie zum Fluß Große Tulln und mit diesem wieder zur Donau. An der Straßen- und Eisenbahnbrücke vorbei führt Sie die Beschilderung ins Zentrum der Römerstadt. Von Krems nach Tulln sind es 33 km, etwa 3 Stunden Fahrzeit.

Tulln
Tulln ist mit seinen 12.000 Einwohnern ein schönes Landstädtchen, das einmal im Jahr mit seiner Blumenmesse österreichweite Berühmtheit erlangt.
Die Römer sind die eigentlichen Gründer der heutigen Bezirksstadt. Im Castell Comagenis war ein römisches Reiterlager eingerichtet, in der Weite des Tullner Feldes zwischen Krems und Klosterneuburg strategisch gut zentral positioniert. Eindringlinge konnten nur von hier wirksam bekämpft werden. Gegen Ende des weströmischen Reiches wurde Tulln entvölkert; Mauerreste der Befestigung haben sich zum Teil bis in unsere Zeit hinübergerettet. Im Nibelungenlied trifft Kriemhild hier in Tulln erstmals mit dem Hunnenkönig Etzel zusammen. Die Götterdämmerung nahm ihren Lauf.
Im Jahr 1014 wurde Tulln „Civitas" genannt. Das wird oft fälschlicherweise als „Stadt" übersetzt.
Eine wichtige Sehenswürdigkeit ist die 1168 dem hl. Stephanus geweihte **Pfarrkirche**, die als dreischiffige Basilika mit zwei Westtürmen aus mächtigen Quadersteinen errichtet wurde. Auf beiden Seiten des Westportals befinden sich in Nischen je sechs Halbfiguren, die vermutlich die zwölf Apostel darstellen. Man kann dies, wie Sie sehen, nur erahnen. Darüber prunkt der kaiserliche Doppeladler mit zwei Türkenschädeln in seinen Fängen; etwas später sind die beiden Statuen des hl. Johannes Nepomuk und des hl. Karl Borromäus zu datieren. Einfacher ist das Nordportal, dessen Kapitelle links einen Adler und rechts stilisierte Blätter und Fische zeigen.
Beim Betreten der Kirche fällt auf, daß diese ursprünglich flach eingedeckt war, erst nach einem Brand 1486 wölbte man das Langhaus mit achteckigen Pfeilern ein. So entstand das eigenartige Sterngewölbe aus dem Jahr 1496. Der Überlieferung nach fand die Kirchweihe erst 1513 statt. Der dreijochige Chor stammt aus dem 14. Jh. Auffallend ist die nördlich (links) gelegene, aufwendige, ursprünglich wohl selbstständige Kapelle. Das südliche Pendant wird als Sakristei verwendet. Der Hoch-

Im Strudengau verläuft der Weg am rechten Ufer, fern von störendem Durchzugsverkehr.

altar wurde 1725 für die Karmeliten-Klosterkirche in St. Pölten angefertigt. 1786 kam der Altar hierher und wurde mit dem Hochaltarbild („Steinigung des hl. Stephanus") von Johann Nepomuk Steiner versehen. Die Seitenfiguren stellen rechts den hl. Leopold, den Schutzpatron Niederösterreichs, und links den hl. Camillus dar. Auf den Altarsäulen beachten Sie die hl. Margaretha und die hl. Rosalia, 1788 vom Tullner Matthias Klöbl geschaffen.

Das Chorgestühl stammt aus der Zeit um 1750 und wurde ursprünglich für die Kartause Gaming angefertigt. Dieses schöne Werk stammt vom Tullner Sebastian Gürner, wie auch die Kanzel, deren Schalldeckel eine Frau mit Schleier und Kelch ziert. Am Kanzelkorb fallen die Darstellungen der Kirche als Mutter, Regentin und Lehrerin auf. Die Pfeiler sind mit Barockbildern von Johann Nepomuk Steiner geschmückt, sie stellen den hl. Petrus und die vier Evangelisten dar. Die Kirche besitzt aber noch wertvollere Gemälde: Franz Anton Maulbertsch malte den ungläubigen Thomas vor Christus; zu sehen in der Südkapelle.

Kunsthistorisch wesentlich bedeutender ist aber der neben der Kirche stehende **Karner** von Tulln. An den umlaufenden Blendarkaden entdeckt der aufmerksame Besucher eine Ritterfigur, wohl der Stifter des Bauwerkes, Friedrich II. (der Streitbare), der letzte Babenberger. Mit ihm starb dieses österreichische Herrschergeschlecht aus, der Stern Habsburgs konnte aufgehen. Höhepunkt des reich gegliederten, elfeckigen Baues ist das Trichterportal, das man über eine Freitreppe erreicht. Das romanische Eichentor soll noch die ursprünglichen Eisenbeschläge aufweisen. Den kreisrunden Kapellenraum schließt nach Osten eine halbrunde Apside ab. Hier wurden die Toten aufgebahrt.

Der Sage nach sollen hier 1162 am Weg von Mailand nach Köln die Gebeine der hl. drei Könige zur Verehrung ausgesetzt worden sein. Damals verstand man es, mit der Frömmigkeit Geld zu machen. Der Begriff „naive Frömmigkeit" dürfte in wohlhabenden und adeligen Kreisen weit verbreitet gewesen sein.

Die Malereien im Inneren des Karners stammen aus dem Jahr 1873, leider wurde die ursprüngliche, aus dem 13. Jh. stammende Malerei weitgehend zerstört. Nomen est omen: Franz Storno war der Meister, dessen Werk man stornieren können müßte.

Das 1230 gegründete **Minoritenkloster** – nicht zu verwechseln mit dem 1278 im Auftrage von Rudolf von Habsburg gegründete Dominikanerinnenkloster – ist heute wegen seiner **Klosterkirche** sehenswert. Zwischen 1732 und 1739 wurde die Kirche neu gebaut und dem hl. Nepomuk geweiht. Die Saalkirche mit zwei seitlichen Kapellen zeichnet sich durch stilistische Einheitlichkeit aus. Bemerkenswert ist schließlich noch das Altarbild („Verherrlichung des hl. Johannes von Nepomuk").

Hinzuweisen gilt es noch auf die 1695 gestiftete **Dreifaltigkeitssäule** am Hauptplatz und die 1748 geschaffene **Mariensäule** am Rathaus und auf ein bescheidenes Heimatmuseum im Hause Wiener Straße 24–26. Tulln ist eine rundum sehenswerte Stadt; wenn Sie hier nächtigen, haben Sie vielleicht mehr Zeit zur Besichtigung als bei der Durchfahrt.

7. Tag:
Tulln – Klosterneuburg – Wien

Tulln (180 m) – Klosterneuburg (192 m) – Wien (171 m)
Streckenlänge: 36 km

Viele von Ihnen werden den Tag bald beginnen, da Wien in
drei Stunden Fahrzeit erreicht werden kann und Sie schon
nach etwa 4 Stunden Fahrzeit ab Hotel in Tulln in Ihrem
Wiener Hotel sein könnten.
Die Route ist relativ einfach beschrieben. Bei der Donaubrücke Tulln radeln Sie zunächst an der (ehemaligen)
Schiffsstation vorbei und dann stets entlang an der Donau,
vorbei an Langenlebarn (Kaserne des Heeres) und Mucken-
dorf (Yachthafen) nach Greifenstein (wenn Sie als Spät-
aufsteher zur Mittagszeit durchkommen, so sei Ihnen das
Restaurant auf der Burg empfohlen).

Greifenstein
Greifenstein gilt als Beispiel einer Kleinburg mit Bering
(Mantelmauer), Palas und Bergfried. Im 19. Jh. baute sie Fürst
Johann Liechtenstein auf alten Ruinenresten auf. Die aus dem
12. Jh. stammende Knappenstube und der Torraum blieben so
erhalten.
Greifenstein ist auch als Heimatort von Nobelpreisträger
Konrad Lorenz bekannt. Er gab der Verhaltungsforschung mit
seinen Graugans-Forschungen ganz wesentliche Impulse.
Wenige Jahre vor seinem Tode gefragt, was ihn noch
erschrecken könnte, antwortete er: Der Tod seiner Frau vor
dem eigenen. Sollten Sie bei dieser Radtour ev. wegen
Streßfaktoren wie Witterung, Leistungsfähigkeit bzw.
Ausdauer, Druckstellen etc. Ehekrach haben, so denken Sie
an den Nobelpreisträger.

Klosterneuburg
Als nächstes erreichen Sie Klosterneuburg, den letzten Ort
Niederösterreichs. Schon von weitem sehen Sie das mächtige
Stift, dessen Besichtigung im Rahmen einer Stiftsführung
(täglich von 9.30 bis 11.00 und von 13.30 bis 17.00 Uhr) ich
Ihnen sehr empfehlen möchte. Die Pracht des von Karl VI. als
Escorial Österreichs geplanten Bauwerkes ist kaum zu über-
bieten. Es ist nicht einmal 5 Fahrminuten vom Donauradweg
entfernt (der Beschilderung und vor allem dem optischen
Eindruck folgend). Eine Beschreibung finden Sie im kunst-
historischen Teil.

Wien
So erreichen Sie Wien, die österreichische Bundeshauptstadt.
Die Beschreibung entnehmen Sie bitte dem kunsthistorischen

Teil. Radeln Sie entlang des Donaukanales, so kommen Sie zum Schwedenplatz, kaum 5 Gehminuten von St. Stephan entfernt.

Wien, das Ziel der Radtour, ist schwer zu charakterisieren. Den Unterschied zu anderen europäischen Hauptstädten macht vieles aus. Eine Begebenheit sei stellvertretend geschildert: Ich ging in der Kärntnerstraße bummeln und war vertieft in ein Schaufenster. Als ich mich davon losriß und meine Familie suchen wollte, tat ich einen großen Schritt zurück und trat – wahrscheinlich schmerzhaft – einem Wiener auf die Zehen. Der ältere Herr mit dunklem Mantel und Hut meinte „Habe die Ehre" und ging weiter. „Habe die Ehre" ist der Wiener Gruß. Das dürften Sie wohl so schnell in keiner europäischen Großstadt erleben: das „goldene Wiener Herz".

Abschließend ein kleiner Tip: Viele Gäste sagen „Servus" zu uns Österreichern. Da müssen Sie uns Österreicher schon eine Zeitlang kennen, sonst machen Sie sich lächerlich.

Ziel dieses Buches ist es, Ihnen den Kauf eines zusätzlichen Kunstbuches zu ersparen. Es wendet sich an den Radfahrurlauber, der nicht sinnlos Kilometer hinter sich bringen, sondern Land und Leute kennen lernen will. Mit Bruno Kreisky möchte ich schließen: „Die Sportler müssen's Hirn ja net immer in de Wadeln habn!" (befragt wegen seiner Zurückhaltung bezüglich des weltweiten Boykottaufrufes zur Olympiade in Moskau).

Tips für Gelegenheits-Radfahrer,
wie ich es einer bin:

Nach einem Interview mit Radfahr-Profi Wiggerl Plochberger, u. a. Betreuer des österreichischen Nationalteams bei diversen Auslandsstarts:

Dem Modefahrzeug „Mountain-Bike" soll gleich zu Beginn für Radtouren entlang der Donau, aber auch entlang von Salzach und Inn eine Absage erteilt werden. Das Rad und die Bereifung wurden für unbefestigte Straßen und hügeliges, unwegsames Gelände geschaffen. Bedauern Sie einen Mountain-Biker, der Ihnen an der Donau begegnet. Er wurde entweder falsch beraten, oder er hat sich für diese Art von Radtouren noch nicht das richtige Rad gekauft.

Ideal für diese Touren ist das 3-Gang-Rad, da es unkompliziert und einfach handzuhaben ist. Auch 10-Gang-Räder können noch als gerechtfertigt für die genannten Touren angesehen werden.

Welche Rahmenhöhe soll nun das Rad haben? Hier gibt es eine gleichermaßen einfache wie für Otto-Normalverbraucher sinnlose Formel: (Schritthöhe x 66) : 100. Schon ein Rad mit einer Rahmenhöhe von 60 cm benötigt einen 186-cm-Mann oder (gar) Frau. Die normalen 28-Zoll-Räder des Fachhandels gelten für alle, außer für mittlere Gartenzwerge mit rotem Hut und für den Riesen Rübezahl, falls er sich vom Riesengebirge hierher verirrte.

Die Sattelhöhe ist jedoch die wichtigste Einstellung am Rad: Bei Schuhen mit niedrigem Schuhabsatz soll das Bein durchgestreckt sein, wenn Sie die Ferse auf das Trittpedal stellen! Da Sie nur mit dem Fußballen treten, wird das Bein somit beim Fahren nie ganz durchgestreckt sein!

Viele Radsättel sind am Sattelrohr verstellbar. Sie sollten also dafür sorgen, daß das Sattelrohr genau in die Mitte des Sattels mündet.

Nun zur Lenkerhöhe: Wieder gilt es unkundige Großspurige zu bedauern, die mit einer hohen Lenkstange daherradeln, als ob Sie auf einem Pferde säßen. Beim Reiten muß man kreuzhohl am Pferd sitzen, um die Krafteinwirkung voll ausüben zu können. Beim Radfahren auf jeden Fall s-gebeugt, nie aufrecht sitzen. Jede Unebenheit der Straße wird so direkt in Ihren Stützapparat, sprich Wirbelsäule, übertragen. Sie bekommen dadurch nicht nur schnell Schmerzen, sondern auch Schäden an Ihren Bandscheiben. Die Lenkstange soll exakt die gleiche Höhe haben wie der obere Rand Ihres Sattels. Also runter damit, falls Sie bisher auch diesen Fehler machten!

Das Wichtigste am Rad ist aber ein Detail, von dem man einen roten Kopf bekommt; was wohl? Ganz einfach - der Reifendruck. Wenn Ihr Reifen 1 Zoll (= eine Daumenbreite, genormt sind das 25,4 mm) breit ist, dann soll der Druck vier Bar (= 4 Atmosphären) betragen. Praktisch bedeutet das: wenn Sie mit zwei Fingern seitlichen Druck auf den Reifen ausüben, dann soll der Reifen unmerklich, also zusammen etwa 3 Millimeter, nachgeben.

Nun zur Kleidung: Schuhen mit fester Sohle ist der Vorzug zu geben, also der gute, alte Turnschuh. Eines ist jedoch gänzlich ungeeignet: die gute, alte Westernkleidung Blue Jeans. Die Nähte sind schlecht, der Schnitt zu beengend. Nehmen Sie sich eine mittellange Trevira- oder Baumwollhose. Scheuen Sie sich nicht davor, schon von Beginn an eine Salbe fürs Gesäß zu verwenden; vorbeugend sozusagen, etwa nach der Devise „der kluge Mann baut vor". Fahren Sie in jedem Fall mit einem Augenschutz, ev. mit einer einfachen Sonnenbrille mit großer Glasfläche.

Nun sollte noch geklärt werden, mit welchem Gang Sie den Donauradweg unsicher machen. Hohe Gänge, lieber Leser – ich habe das auch nicht geglaubt, aber Wiggerl Plochberger schwört beim Leben seiner unmündigen Kinder darauf – belasten den, ja den – na denn, ja richtig: den Kreislauf. Das mag er gar nicht, der Kreislauf, wenn Sie bei Gegenwind im höchsten (3. oder 5.) Gang treten. Also geben Sie Ihrem Herz einen Ruck und schalten Sie! Möglichst so, daß die Anzahl der Kurbelumdrehungen pro Minuten zwischen 70 und 90 liegt. Pro Sekunde um eine Spur schneller eine ganze Umdrehung!

Und falls das Gangseil nicht richtig eingestellt wurde: Den ersten Gang einlegen, Gangseil so anspannen, daß nur noch ein Glied aus der Narbe gezogen werden kann.

Beachten Sie, daß Sie nicht mit offenem Hemd oder offener Bluse fahren sollten; die stechenden Tierchen, Insekten genannt, hätten dann schnell ein Opfer. Wenn Sie bei Befolgung aller Details - und das halte ich für absolut unmöglich, so viel Konzentration hat man im Urlaub nicht - zum Radsportler wurden, dann sind Sie ein Idealist, denn selbst Spitzensportler verdienen beim Radfahren wenig bis nichts. Auf der ganzen Welt sind es etwa 10 Spitzensportler, welche gut leben können. Francesco Moser ist einer davon. Er schafft es, in der Stunde auf ebener Strecke 56 Kilometer zu fahren – bis dato

Weltrekord im Radfahren ohne Vorfahrer. Glauben Sie nicht, nur Sie hätten 80 oder 100 geschätzt; ich auch.

Rennen fährt man im Team - interessanterweise ist Radfahren fast ausschließlich Männersache. Bösartige wie ich behaupten: Weil doch da nichts zu verdienen ist! Und da wechselt der Spitzenfahrer oftmals nach etwa 400 Metern; da kommt der Pulk schon mal auf 60 Kilometer in der Stunde.

Der Schnellste – ein wahrer Flitzer – mit Vorfahrt (Rennauto mit breitem Windschild) liegt für wenige Meter bei 250 Stundenkilometern. Der durchschnittliche Radfahrer legt 15 Kilometer zurück; bei meinem ersten Radbuch war das auch so, heute sind es – bei Rückenwind – 10. Menschsein ist wie Urlaub: Alles ist vergänglich, was bleibt, ist die Erinnerung! Schöne Erinnerung an den Donauradweg wünscht Ihnen der Autor dieser Zeilen.

Der Autor hat - wie wahrscheinlich Sie auch - die einwöchige Radtour in vollen Zügen genossen; von wegen Radlerautobahn, kommerzialisierter Tourismus und anderem Blabla: die Donauregion ist im Vergleich zu den Alpen ein vom Tourismus unentdeckter Flecken.

Übersicht der Entfernungen von Ort zu Ort zwischen Schärding/Passau und Wien:

Schärding – Passau: 17 km, eben, teilweise Radweg

Passau – Engelhartszell: 25 km, eben, etwa halb Bundestraße, halb Radweg

Engelhartszell/Stift Engelszell – Kraftwerk Jochenstein: 3,5 km, Radweg

Jochenstein – Grenze Dantelbach: 2,5 km, eben, Radweg

Grenze – Niederranna: 7,5 km, eben, Radweg

Niederranna – Fähre Schlögen: 7,5 km, eben, Radweg

Fähre Schlögen – Fähre Kobling – Obermühl: 9 km eben, Zufahrtsstraße und verkehrsfreier Radweg

Obermühl – Fähre Kaiserwirt – Untermühl: 10,5 km, eben, verkehrsfreier Radweg

Untermühl – Aschach: 7,5 km eben, Radweg und Ortsdurchfahrt

Aschach – Brandstatt: 3 km eben, verkehrsfreier Radweg

Brandstatt – Kraftwerk Ottensheim: 11 km eben, verkehrsfreier Radweg (Wind)

Kraftwerk Ottensheim – Stiftskirche Wilhering: 4,5 km eben, Radweg, sandiger Uferweg

Wilhering – Linz (über Fähre Wilhering): 15 km eben, Radweg, Radfahrstreifen entlang einer stark befahrenen Schnellstraße

Linz/Hauptplatz – Eisenbahnbrücke – Kraftwerk Abwinden-Asten – Stift St. Florian: 25,5 km eben, verkehrsfreier Radweg, Zufahrtsstraße

Stift St. Florian – Fähre Enns – Mauthausen: 16 km eben, Zufahrtsstraßen

Mauthausen – Kraftwerk Mitterkirchen-Wallsee: 18 km eben, verkehrsfreier Radweg

Mitterkirchen-Wallsee – Baumgartenberg: 8,5 km eben, Landstraße

Baumgartenberg – Grein: 14,5 km eben, Radweg (Bad Kreuzen 6 km, 240 Höhenmeter)

Grein – St. Nikola: 4 km eben, Radfahrstreifen entlang gefährlicher Bundesstraße

Grein – Donaubrücke – Kraftwerk Persenbeug: 23,5 km eben, Zufahrtsstraße, Regionalstraße (Kraftwerk – Ybbs: 3 km eben, Radweg)

Kraftwerk Persenbeug – Marbach: 11,5 km eben, Radweg (Marbach – Maria Taferl: 4 km, 225 Höhenmeter)

Marbach – Klein-Pöchlarn: 5 km eben, Radweg (Artstetten 3 km, 180 Höhenmeter)

Pöchlarn – Melk (über Kraftwerk): 10 km

Melk – Emmersdorf (über Donaubrücke): 5 km hügelig, gefährliche Fernstraße

Melk – Emmersdorf (über Kraftwerk): 14,5 km, eben, großteils verkehrsfreier Radweg

Donaubrücke Emmersdorf – Spitz: 15 km eben, Radweg

Spitz – Dürnstein: 12,5 km eben, Radweg, teilweise gefährlich schmal

Dürnstein – Krems/Mautern (Brücke): 4,5 km eben, Radweg

Mautern (Brücke) – Stiege Stift Göttweig: 8 km eben, Zufahrtsstraße

Göttweig – Bahnhof Krems: 5,5 km leicht hügelig, Zufahrtsstraße, Radfahrstreifen

Krems – Traisenbrücke (nach Kraftwerk): 22,5 km eben, verkehrsfreier Radweg

Traisenbrücke – Tulln: 19,5 km eben, Radweg

Tulln – Klosterneuburg: 25,5 km eben, Radweg

Klosterneuburg – Beginn Donaukanal bei Wien/Nußdorf (Außenbezirk): 5,5 km eben, Radweg

Der Urfahraner Jahrmarkt ist der größte Jahrmarkt Österreichs; Anfang Mai und Ende September strömen jeweils an die 700.000 Besucher zum acht Tage dauernden Rummel.

Kunsthistorischer Teil

Der folgende kunsthistorische Teil enthält Beschreibungen all jener Sehenswürdigkeiten, die ich Ihnen besonders zur Besichtigung ans Herz legen möchte. Orte, die mit *** gekennzeichnet sind, stellen ein absolutes Besichtigungsmuß dar, Orte mit ** oder * sind aber auch in jedem Fall lohnende Ziele.

***Passau

290 m Seehöhe, 52.400 Einwohner

Reizvoll am Zusammenfluß von Donau, Inn und der Kleinen Ilz gelegen, zählt Passau mit dem gut erhaltenen Stadtzentrum (große FuZo) zu den schönsten Städten Bayerns.
Die Geschichte ähnelt der Salzburgs. Nahe dem Domhügel entstand eine keltische Siedlung. Am südlichen Innufer – heute Innstadt genannt – errichteten die Römer 81 – 86 n. Chr. das Kastell Boiodurum, das vom Hinterland aus problemlos erreichbar war. Ab dem 2. Jh. wurde der Domhügel miteinbezogen. Die Cohors IX Batavorum war dort stationiert, was schließlich zum Namen „Batavis" und später „Passau" führte. 739 Bischofssitz, 1255 Stadtrecht. Der fromme Otto III. (996 – 1002) ließ Passau auch unter die weltliche Herrschaft des Bischofes kommen, der ab 1217 Reichsfürst war. Bereits 1219 erhoben sich aber die Bürger gegen Fürstbischof Ulrich, worauf dieser die Veste Oberhaus errichten ließ. 1803 – in der Zeit der napoleonischen Kriegen – verlor Passau seine Selbständigkeit und wurde 1817 bayerisches Suffraganbistum.

**Dom zu St. Stephan: Von Meister C. Lurago erbauter hochbarocker Kirchenbau (1668 –1678) in beherrschender Lage auf einem Hügel. Der Chorraum (moderner Altar) wurde 1407–1530 geschaffen und ist spätgotisch. Die Kanzel des Wiener Hofschreiners Series (1722) verleiht dem langen Kirchenschiff eine optische Aufgliederung. Die geschleifte Helmkuppel wurde im 18. Jh. als Ergänzung zur barocken Umgestaltung aus dem achteckigen spätgotischen Vierungsturm geschaffen. Auffällig ist der prächtige Stuck von Giovanni Battista Carlone (1677–1686). Die farbenfrohen Fresken stammen von Carpoforo Tencalla. Die 17.388 Pfeifen und 231 Register umfassende Orgel ist das größte Orgelbauwerk der Welt. Sehenswert ist auch die Nordfassade des Domes (kleiner Innenhof links vom Haupteingang).
Vor dem Dom der gefällig gestaltete **Domplatz** mit einem Denkmal von König Maximilian I. und der schönen Fassade des Lambergpalais (1724). Das Gästehaus des Passauer Fürstbischofs (Neugebäude) ist heute Postamt.

**Alte Bischofsresidenz: Nur wenige Meter östlich des Domes. Die Residenz der Fürstbischöfe von Passau wurde im 12. Jh. erbaut, das heutige Aussehen stammt aus dem 17. Jh. Heute Landgericht.

Neue Bischofsresidenz: Auf dem Residenzplatz (1712–1770). Das hinter der rechten Eingangstüre gelegene Stiegenhaus (1768) gibt den Blick auf ein herrliches Deckenfresko frei.

*Rathaus: Der gotische, 68 m hohe Rathausturm bietet den Eindruck eines Verteidigungsbaues, ist aber durch den Umbau mehrerer Bürgerhäuser in durchaus friedlicher Absicht entstanden. Der 1683 von Carlone vollendete Rathaussaal zeigt Wandgemälde mit Themen aus dem Nibelungenlied.
Neben dem Rathaus ein sehenswertes privates Museum zum Thema Glas.

St.-Michaels-Kirche: Nahe der Bischofsresidenz. 1678 von Giovanni Battista Carlone für das Jesuitenkolleg errichtet.
Von dort Spaziergang zum nahen **Schaiblingsturm**, der eine malerische Kulisse am Inn bietet. Dieser mittelalterliche Turm schützte früher den Salzhafen, die wichtigste Einnahmequelle des kleinen Bischofsreiches. Von dort lohnenswerter Spaziergang entlang des Inns über die Mündungsspitze (dem östlichsten Punkt der Halbinsel von Passau) entlang der Donau bis zum **Kloster Niedernburg**, das mit der **Parzkapelle** das sehenswerte Hochgrab der seligen Gisela, der Gattin des Ungarnkönigs Stephan des Heiligen, birgt. Sie war hier Äbtissin.

Veste Oberhaus: Mächtige Befestigungsanlage auf dem Georgsberg am linken Ufer hoch über der Stadt. Eine der bedeutendsten Sehenswürdigkeiten von Passau. Ulrich II. errichtete 1219 die Trutzburg, die zumindest ab Beginn der Neuzeit bis ins späte 18. Jh. hinein offenbar aus Angst vor Erhebungen der Bevölkerung immer wieder erweitert wurde. 1803 verlor Passau seine Eigenständigkeit. Heute befindet sich das **Oberhausmuseum in diesem riesigen Komplex; Gemälde- und lokalgeschichtliche Sammlungen mit Betonung des Böhmer- und Bayerischen Waldes sind sehenswert. Das Burgcafé mit dem herrlichen Ausblick über die Drei-Flüsse-Stadt ist ein nicht unbeträchtlicher Teil der Attraktion der mächtigen Festung. Geöffnet ist das Museum täglich außer Montag von 9.00 bis 17.00 Uhr. Vom Domplatz verkehren Busse zum Burgeingang, allerdings in relativ großen Zeitabständen.

**Schärding am Inn
313 m Seehöhe, 6000 Einwohner

Schärding wird sehr oft als Beginn des Donauradweges bezeichnet, da hier das untere Durchbruchstal des Flusses Inn knapp vor

◄ *Die Veste Oberhaus, einst ein mächtiger Verteidigungsbau der Passauer Bischöfe, wartet heute mit einem Böhmerwaldmuseum auf.*

seiner Mündung in die Donau ein herrliches Radlergebiet bildet. Die 17 km bis Passau können mit Recht als erstes großes Landschaftserlebnis am Donauradweg bezeichnet werden.

804 wurde Schärding erstmals erwähnt, unehrenderweise als Wirtschaftshof von Passau. Bereits 1316 erhielt es das Stadtrecht, wurde dann bayerisch und damit Grenzort zum eigenständigen Bistum Passau. Daher hatten die Bayernkönige großes Interesse, Schärding auszubauen und als Salzumschlagplatz mit entsprechenden Rechten auszustatten. Schon im 11. Jh. war die Stadt stark befestigt, bereits 1126 erhielt sie das Mauteinhebungsrecht. Die beherrschende Burg der Vornbacher galt zusammen mit der Neuburg als wichtigste Festung in diesem Dreiländergebiet. 1232 kam Schärding auf dem Erbweg für kurze Zeit in österreichischen Besitz. 1248–1779 war Schärding „bayerischer Donauhafen"; im frühen 18. Jh. wurden pro Tag bis zu 40 einlaufende Schiffe gezählt. Als Folge des Kartoffelkrieges fällte die alternde Kaiserin Maria Theresia 1779 die Entscheidung, daß der Inn künftig Grenzfluß sein sollte. Der Abschied von Bayern fiel Schärding sehr schwer. 1809 brach Graf Stadion, der österreichische Regierungschef, einen Krieg gegen Napoleon vom Zaun, hier kam es zu den ersten Kampfhandlungen, die mit der völligen Zerstörung der Schärdinger Burg und eines Teiles der Stadt endeten.

**Stadtplatz: Die bedeutendste Sehenswürdigkeit der Stadt gilt wegen ihrer Harmonie und Unversehrtheit als einer der schönsten Barockplätze Österreichs. Der langgezogene Platz wird durch den Querbau (die heutige Sparkasse) in einen oberen und einen unteren Teil gegliedert. Besonders beeindruckend ist die Nordseite des oberen Stadtplatzes, die „Silberzeile". Das wertvollste Zahlungsmittel in der Barockzeit waren Silberlinge, hinter den Fassaden dieser reichen Bürgerhäusern vermutete man viele Silberlinge, daher der Name. Daran schließt die bedeutende, dem hl. Georg geweihte Stadtpfarrkirche mit ihrem weiträumigen und lichterfüllten Raum an (Neubau 1720–1726). Im fünfjochigen Raum befindet sich der 1677 von J. P. Spaz angefertigte Hochaltar, der ursprünglich in der Karmelitenkirche in Regensburg stand und 1814 hierher überführt wurde. Mächtige korinthische Pilaster auf den Vierungspfeilern mit vier heiligen Rittern (1725) fallen dem Besucher auf. Das Altarbild (1815) stellt die Geburt Christi dar, 1903/04 entschied man sich anstatt des Freskenschmuckes zur heutigen Ausmalung.

Wassertor: Hier, am Ende des Unteren Stadtplatzes, legten früher die Schiffe an. Heute ist das Wassertor oft überschwemmt, weil eine etwas stromabwärts gelegene Inn-Insel den Durchfluß der Wassermassen behindert. Innabwärtsgelegene Orte sind erwiesenermaßen kaum von Hochwasser betroffen. Vom Innkai schöne Aussicht auf das gegenüberliegende Suben, weiter nördlich sind die beiden Türme des Klosters Vornbach sichtbar. Sehenswert sind auch das Burgtor mit Heimatmuseum und der Park im Burg-Terrain.

Innschiffahrt: Seit einigen Jahren werden mit großem Erfolg Rundfahrten durch das enge Durchbruchstal des Inns bis zur Höhe von Wernstein angeboten, mit schönem Ausblick auf die Neuburg, Vornbach, Wernstein usw.

Umgebung von Schärding:
*Suben

Klosterkirche des 1784 aufgehobenen Augustiner-Chorherren-Klosters. Für Radfahrer am Inn- oder auch Tauernradweg ist Suben auf einer relativ verkehrsreichen, ebenen Straße erreichbar. Das Klostergebäude ist heute Strafanstalt, die 1766–1770 errichtete Kirche St. Lambert zählt zu den sehenswertesten der Region. Beachten Sie vor Betreten des Gotteshauses das charakteristische Mansardendach (1792), im Inneren den prächtigen Freskenschmuck von J. J. Zeiller mit dem bekannten Bild „Vertreibung der Händler aus dem Tempel" unter der Empore. Es wurde wohl auch aus Ehrfurcht bis dato nie restauriert. Bemerkenswert sind auch die Stuckarbeiten von Johann Baptist Modler und die großartige, in ihrer Linienführung einmalige Kanzel von J. Deutschmann.

Brunnenthal

Sie folgen der Beschilderung innabwärts und erreichen nach einer kurzen Schiebestrecke die 1668 von Christoph Zuccalli erbaute Wallfahrtskirche. Sie ist mit reichem Barockstuck ausgestattet. Bemerkenswert sind die Kanzel und die doppelte Musikempore. Der Hochaltar stammt von Chrysostomus Finck (1668). Das Altarbild vom Münchener Hofmaler Karl Pfleger stellt auch die Besuchsempfehlung für Brunnenthal dar: Die Auffindung der Wunderquelle, die bis heute den Ruf hat, vor Augenkrankheiten zu bewahren. Sollten Sie viel vor dem Bildschirm arbeiten, so ist der Umweg also empfehlenswert. Erwähnenswert auch das kunstvolle Gitter (1695) in der Kirche sowie die nebenanliegende Brunnenkapelle (1718–1720) mit Rokoko-Altar und Schmiedeeisengitter (1719). – Uriges Gasthaus.

Wernstein am Inn
312 Meter Seehöhe, 1600 Einwohner

Der Ort liegt malerisch am Fuß der Neuburg, wo im 12. Jh. als Vorwerk ein Schloß angelegt wurde. Bis vor wenigen Jahren war das ehemalige Schloß noch Ruine, ein Bankdirektor baute es dann für private Zwecke aus. Die Mariensäule vor dem Schloß geht auf ein Gelöbnis von Kaiser Ferdinand III. zurück und ist in Nachahmung der 1638 in München errichteten Mariensäule gestaltet. Sie wurde 1647 in Wien „Am Hof" aufgestellt und 1667 wegen treuer Dienste hierher verschenkt. Die Marmorgruppe stellt die hl. Jungfrau mit vier geharnischten, mit Ungeheuern kämpfenden Putten dar. Die Säule wurde u. a.1957 und 1989 restauriert.
Die dem hl. Georg geweihte, Ende des 15. Jh. schön auf einem kleinen Abhang errichtete gotische Pfarrkirche ist einen Besuch wert. Am Chorende schöner Römerstein (um 230 n. Chr.).

*Zwickledt

Das Museum, das dem bekannten Zeichner Alfred Kubin gewidmet ist, ist für Radfahrer schwer erreichbar, da es 2,8 km östlich des Ortes auf einer Anhöhe gelegen ist. Kubin hat hier einen Großteil seiner bedeutenden Werke vor allem in nächtlicher Arbeit gezeichnet. Museum des Landes Oberösterreich.

**Engelhartszell

295 m Seehöhe, Marktgemeinde, 1300 Einwohner

Schöne Zeilensiedlung mit altem Zollhaus und gepflegtem Ortsbild. Donaupromenade.

Engelhartszell war ein alte Grenzstation zwischen Österreich und Bayern bzw. dem Bistum Passau. Der Ort war interessanterweise ringsum von bayerischem Gebiet umgeben, aber stets österreichisch. Hier wurden die Zollabgaben eingehoben. Seit 1293 Marktrecht.

Die leicht erhöhte **Pfarrkirche Mariä Himmelfahrt** wurde 1194 erstmals urkundlich erwähnt. Der gotische Bau (1459) wurde im 17. Jh. barockisiert. Hoch- und Seitenaltar sowie Kanzel stammen aus der Mitte des 18. Jh. In der Vorhalle Statuen der hl. Maria und des hl. Johannes.

Die Stiftskirche von Engelszell beeindruckt durch das Nebeneinander von Moderne und Rokoko.

1993 war hier die große oö. Landesausstellung „Die Donau" zu Gast. Den Ort hat einer der erfolgreichsten Gemeindepolitiker Oberösterreichs, Bürgermeister Friedrich Bernhofer, wesentlich mitgeprägt.

Umgebungsort:
Vichtenstein: Vom Schiff aus sehen Sie den schönen Ort mit Burganlage nur, wenn Sie sich umdrehen, also Richtung Südwesten blicken (= rechtes Ufer). Das wuchtige Schloß wurde von den Vornbacher Grafen angelegt und ging bereits 1227 in passauischen Besitz über. Der Name des ringsum liegenden Sauwalds ist eine Kurzform für „Passauerwald" und hat daher mit Wildschweinen oder gar einem „Saugartl" (= Garten, aber auch Waldstück, in das man Schweine zum Fressen führte und das nach einiger Zeit entsprechend „schweinisch" aussah) nichts gemein. Das Schloß ist Privatbesitz, es kann nur die Schloßtaverne besichtigt werden. Der abseits stehende Burgfried ist romanisch.

Rannariedl

Hoch über dem Donautal liegt Schloß Rannariedl, das sich in Privatbesitz befindet und nicht besichtigt werden kann. 1268 urkundlich erwähnt. Der Anblick ist von außen prächtiger als die kunsthistorisch wenig interessanten Innenräume; Kapelle „Mariä Himmelfahrt".

Schloß Marsbach

liegt wenige Kilometer oberhalb von Niederranna, gegenüber Wesenufer, und ist vom Radweg aus nur an bestimmten Stellen sichtbar. Urkundlich 1198 erwähnt, ebenfalls in Privatbesitz. Es soll vor ca. 60 Jahren wegen Spielleidenschaft über Nacht den Besitzer gewechselt haben. Das Schloß war bis dahin noch bewohnt, verfällt aber seitdem rasch. Das Betreten wäre lebensgefährlich. Vielleicht ist der extrem einsturzgefährdete Turm bereits zusammengefallen, wenn Sie die Donau entlang radeln. Der jetzige Besitzer ist zwar bestrebt, die Anlage zu erhalten, was jedoch seine finanziellen Mitteln übersteigt. Die oö. Landesregierung ist der Meinung, daß die Bausubstanz nicht so wertvoll sei, eine größere Investition zu rechtfertigen.
Die Geschichte berichtet von streitbaren Rittern auf Marsbach, die die Nachbarburg so lange einschüchterten, bis die Herrschaft schließlich in das Eigentum des Passauer Bischofes zurückfiel. Zuerst waren die Marsbacher „Streithanseln" und verkamen dann zu Raubrittern. Wegen der hohen Verdienste der Vorfahren erhielten sie aber eine milde Strafe: Die Marsbacher mußten nur Burg und Land verlassen und waren fortan geächtet. Umgekehrte Sippenhaftung könnte man das nennen.

Haichenbach

Auch Kerschbaumer Schlößl genannt, liegt direkt in der Schlögener Schlinge. Beschreibung siehe Seite 20.

Wesenufer

287 m Seehöhe, 1400 Einwohner

Alter Schifferort direkt an der Donau, Gemeinde Waldkirchen am Wesen.

Die Radtour führt nicht direkt vorbei, einen schönen Ausblick auf den Ort nach der Donaubrücke hat aber jeder Donauradweg-Urlauber. Die dem hl. Wolfgang geweihte einschiffige Kirche, die 1721 das heutige barocke Aussehen erhielt, ist sehenswert. Zierlicher Hochaltar aus dem 17. Jh. Im ehemaligen Schloß Niederwesen früher Brauerei, jetzt Auslieferungslager. Gute, preisgünstige Mittagsstationen.

Freizell

Der zwischen der Auffahrt nach Marsbach und Schlögen direkt am Donauradweg gelegene fensterlose Granitsteinbau mit neuem Dach hat eine dramatische Geschichte: 1443 war Freizell „Zell unter Marsbach", also ursprünglich eine Einsiedelei; 1644 dann Freienzell und bereits Ansitz. In dieser Zeit erhielt Graf Trattenbach wegen seiner Bemühungen, die aber oft unglücklich ausgingen, Freienzell geschenkt. 1659 wurden er, seine Familie und die wenigen Bediensteten von einer Räuberbande überfallen und brutal ermordet. Die Täter konnten – wenn auch mit Hilfe von Foltermaßnahmen – eruiert werden.

*Schlögen

Wahrscheinlich das römische Ioviacum. In dieser Strom-Pionier-Station existierte um die Zeitenwende neben militärischen Einrichtungen auch eine Zivilsiedlung mit etwa 400 Einwohnern. Die Römer verließen zur Mitte des 4. Jh. den unsicheren Ort, wahrscheinlich siedelten sich einige ursprünglich von Rom Abhängige hier an. Der Kirchensänger Moderatus warnte vor den anrückenden Feinden, möglicherweise Markomannen. Wegen der starken Umfriedung blieben die Bewohner trotz ausdrücklicher Warnung, und alle, bis zum letzten Kind, wurden umgebracht. Angesichts der mächtigen Fundamente des Westtores direkt im Garten des Hotels versteht man diese falsche Einschätzung.

Zwei Fähren von Au nach Schlögen.

Obermühl

Obermühl gehört zwar zur Gemeinde Kirchberg ob der Donau, hat aber ein eigenes Postamt, wahrscheinlich weil früher die Post per Donaudampfschiff transportiert wurde. Fährverbindung Obermühl – Kobling. Beachten Sie die Erinnerungskreuze in diesem Abschnitt des Donautales. Details siehe Seite 21.

Untermühl/Neuhaus

Gemeinde St. Martin im Mühlkreis, an der Mündung der Großen Mühl in die Donau. Fährverbindung Kaiserau-Untermühl. Details siehe Seite 24.

*Aschach

268 m Seehöhe, Marktgemeinde, 2300 Einwohner

777 bereits urkundlich erwähnt. Bekannt war Trachtenpfarrer Daxberger, der auch als „Radlerpfarrer" wirkte. Details siehe Seite 24.

Brandstatt

Gemeinde Pupping. In der Ortskirche (2 km von Brandstatt auf einem schönen, ebenen Weg fast verkehrsfrei zu erreichen) starb am 31. Oktober 994 der hl. Wolfgang während einer Missionsreise. Begraben wurde der Bischof in Regensburg. 1894 wurden mehr als 105.000 Wallfahrer gezählt, 1994 etwa 14.300.

**Eferding

270 m Seehöhe, Stadt, 3200 Einwohner

Früher an einem Seitenarm der Donau gelegen. Sehenswert, Details siehe Seite 26.

Feldkirchen

267 m Seehöhe, Marktgemeinde, 3800 Einwohner

Früher ebenfalls an einem Seitenarm der Donau gelegen. Bemerkenswert ist der Flügelaltar von Pesenbach und die Kaltwasserheilanstalt der Marienschwestern. Zweitältester Kurort Oberösterreichs (lange vor Pfarrer Kneipp, man behandelte früher nachgewiesen erfolgreich auch Impotenz). Details siehe Seite 30.

***Wilhering

269 m Seehöhe, Ortsgemeinde, 3800 Einwohner

Früher kleiner Ort um das Stift, heute Umlandgemeinde von Linz. Von Rein in der Steiermark 1146 besiedeltes Zisterzienserkloster, dessen **Rokokokirche**, eines der bedeutendsten Kunstwerke des Donauraumes, 1733 einem Brand zum Opfer fiel. Die Chronik berichtet ausführlichst, daß ein 14jähriges Mädchen, das „fleischliche" Beziehungen zu einem Holzburschen des Stiftes unterhielt, das Feuer legte. Im Prozeß in Linz kam deutlich zu Tage, daß der Bursche als einfacher Arbeiter das Stift nicht betreten durfte und das Mädchen zur Brandlegung anstiftete. Beachtenswert das Gerichtsurteil: Die Brandstifterin wurde zum Tod am Scheiterhaufen verurteilt, eine damals gängige Hinrichtungsart; das gleiche Urteil wurde über den Burschen verhängt, der als erster, vor den Augen des Mädchens, verbrannt wurde. Das Mädchen wurde begnadigt und zu einer Gefängnisstrafe und einem anschließenden Leben in einem Kloster verurteilt. Die Stiftschronik berichtet sehr ausführlich, weil das Stift zur Zeit des Brandes – 1733 – in argen finanziellen Nöten war. Man versuchte, dem offenbar unfähigen Abt Bonus Pemerl die Brandlegung in die Schuhe zu schieben, denn man glaubte, Kirchenbrände wären keine Zufälle gewesen. Der schöne neue Baustil soll viele Kirchenmänner dazu animiert haben, auch so eine „neue Kirche" zu wollen. Für heutige Ohren unverständlich, aber ein kleines Körnchen Wahrheit mag schon dabei sein! Abt Bonus war aber unschuldig, 1734 – noch vor der Aufklärung der Tat – trat er zurück und starb angeblich an gebrochenem Herzen. Ja, schon in der Bibel steht: „Gott prüft die Gerechten!"

Nun aber zur Kirche: Die Westfassade und der Kirchturm wurden vom Linzer J. Haslinger geschaffen und sind nichts Besonderes. Das Rokoko ist und bleibt ein Stil der Inneneinrichtung. Sie betreten die Kirche durch das romanische Portal, ein Rest der abgebrannten Kirche; die beiden gotischen Hochgräber der Grafen von Schaunberg links und rechts vom Eingang stammen ebenfalls noch aus der alten Kirche. Alles andere ist neu.

Wenn Sie nun den vom kaiserlichen Theateringenieur A. Altomonte entworfenen Kirchenraum betreten, so bietet sich Ihnen auch nach der Renovierung im Jahr 1977 ein wahrhaft überwältigender Eindruck. Sind Sie wirklich in einer Kirche und nicht viel eher in einem Festsaal, einem Ballsaal?

Lebensfreude überall

Über Ihnen sehen Sie das Kolossalfresko des Bartolomeo Altomonte, das aus dem Jahr 1741 stammt, das heißt, es wurde nur acht Jahre nach dem Brand fertiggestellt! Es stellt Maria als Königin des Himmels dar. Der Stuck stammt von Franz Holzinger. Allen Bildern von Angehörigen der Altomonte-Familie ist ein Merkmal gemeinsam: das gewisse Blau. Die Hauptfiguren tragen meistens Umhänge in „Altomonte-Blau". Bis heute kann dieser Farbton nicht wirklich hundertprozentig nachgemacht werden. Dieses Blau war eben ein Familiengeheimnis.

Die Seitenaltäre zeigen Bilder des alternden Martino Altomonte, dem bekanntesten Maler seiner Zeit. Links die Darstellung der „Schmerzhaften Mutter Gottes" (mit Barbara, Katharina, Magdalena u. a.); weiters der „Tod des hl. Josef" und eine Darstellung der Ordensväter, des hl. Benedikt und hl. Robert sowie anderer Heiliger.

Rechts zeigt Ihnen der Seitenaltar das Bild der Heiligen Donatus, Leonhard, Sebastian und Florian. Am sogenannten Schutzengel-Altar sehen Sie den „Engelssturz" und vorne den „braven" Engel, der den jungen Christen durchs Leben führt. Der dritte Seitenaltar rechts zeigt dann den Ordensgründer Bernhard, der seine Familie der Gottes Mutter empfiehlt. Also eine Art Intervention im Jenseits. Die Motive der gegenüberliegenden Altarbilder korrespondieren damit: Ordensgründer und deren Familien; Tod und Leben; heilige Frauen und Männer.

Das Chorgestühl ist ebenfalls Rokoko, wenngleich auch nicht so typisch wie mancher Schreibtisch im Stile eines Ludwig XVI. Zuerst fallen die beiden herrlichen Goldarbeiten mit zwei Szenen, „Geburt Christi" und „Anbetung der Könige", auf. Johann Früholz aus München fertigte sie 1747 an. Das Chorgestühl selbst ist die Arbeit von Laienbrüdern.

Die Kanzel zeigt wiederum den Ordensgründer: Der hl. Bernhard stürzt die Albigenser. Dieses an sich grausame, aber harmonisch

*Durch den Barockgarten vor der Stiftskirche Wilhering gelangen Sie
in eine der schönsten Kirchen Mitteleuropas, für jeden Donauradweg-Urlauber ein absolutes Muß.*

dargestellte Thema drückt den Geist des Barock und des Rokoko
aus: Alles ist vorbestimmt, alles und jedes verläuft nach Gottes
Plan. Bist du ein armer Knecht, so sei ein guter Knecht. Gott hat es
bestimmt. Bist du ein Edelmann, so sei ein guter Adeliger. Die
Aufklärung konnte mit dieser Art der Lebensanschauung einfach
nur brutalst brechen. Die Albigenser waren eine zwischen 1209 und
1229 aktive katholische Splittergruppe in und um Albi in Frankreich.
Sie wurden grausamst verfolgt und überwiegend ermordet, im
Namen Gottes.
Gegenüber der 1746 in Rothenburg von Nikolaus Rummel gefertig-
ten Chororgel sehen Sie eine große Darstellung des Königs David.
Ab dem Chorgestühl ist die Kirche aus Angst vor Kirchendieben
meist geschlossen.
Das Fresko über der Vierung stellt Adam und Eva, die Erbsünde,
den Sitz der Weiseit sowie den Widerstreit zwischen Gerechtigkeit
und Milde dar. Im Altarraum finden wir wieder eine Darstellung des
„Chores der Engel" (ähnlich Engelszell).
Der Hochaltar ist thematisch gelungen, wenngleich fürs Rokoko
etwas wuchtig geraten. Martino Altomonte stellte die „Himmelfahrt
der hl. Maria" dar, Andreas Altomonte ließ den dreieinigen Gott mit
der Krone bereits über dem Gemälde warten. In der Mitte die goldene Erdenkugel. Kirchenführer behaupten seit Generationen, daß
in den Statuen (von Johann Georg Uebelherr), den ornamentalen
Darstellungen (von Johann Feichtmayr) und Fresken insgesamt

mehr als tausend Engel dargestellt seien. Mehr als eintausend Engel und Heilige auf so kleinem Raum könnten im Himmel auch nicht sein. Ich habe sie nicht gezählt, die tausend. Aber es dürfte hinkommen.

Welche Lebensfreude strahlt doch diese Kirche aus, wie geschickt wird der Lichteinfall verwendet! Das verspielte und gottgefällige Rokoko bewegte sich mit ungetrübter Freude an den Abgrund; die Revolution und die Schreckensherrschaft der Pariser Kommune warteten vor der Türe. Beides gehört zusammen!

Ein Kreuzgang neben der Kirche zeigt einige wegen der Größe interessante Bilder. Die Kirche ist normalerweise von 8.00 Uhr bis zum Beginn der Dämmerung geöffnet. Das Kloster ist nicht zu besichtigen.

Im Stift leben derzeit etwa 40 Zisterzienser, die seit 1895 ein Gymnasium, 13 Pfarreien sowie eine Land- und Forstwirtschaft inklusive einer großen Gärtnerei betreiben.

Puchenau

262 m Seehöhe, Ortsgemeinde, 3600 Einwohner

Stadtrandgemeinde von Linz. Malerisch die dem hl. Andreas geweihte Kirche nahe der Donau (nur vom Schiff aus sichtbar).

***Linz an der Donau

260 m Seehöhe (Bahnhof), Landeshauptstadt, 206.000 Einwohner

Beiderseits der Donau gelegen: Urfahr links der Donau (bis 1919 und 1955 selbstständige Gemeinde) und Linz rechts der Donau.

Geschichte

Das römische Lentia wurde um Christi Geburt angelegt, hatte aber im Vergleich mit anderen Städten dieses Teiles des Römischen Imperiums (Ovilava/Wels, Lauriacum/Enns u. a.) nur untergeordnete Bedeutung. 799 wurde Linz mit Burg und Martinskirche genannt, 906 zum Marktort erhoben.1210 gelangte Linz an die Babenberger, 1260 erfolgte die Stadterweiterung, und Linz wurde Sitz eines Landeshauptmannes, womit der anfänglich bescheidene Aufstieg begann.

1490 wurde Linz als Landeshauptstadt bezeichnet, verfügte jedoch nicht über eine eigene Stadterhebungsurkunde. Es wurde wohl deswegen so genannt, weil sich Kaiser Friedrich III. hier aufhielt: der Begründer der Heiratspolitik der Habsburger mußte seine Residenz von Wien nach Linz verlegen, da Matthias Corvinus Wien beherrschte. 1493 verstarb Friedrich III. unter ärmlichsten Umständen: Bei seinem Tod im Kremsmünsterer Stiftshaus am Fuße des Linzer Schlosses soll er nur mehr Geld für einen einzigen Bediensteten gehabt haben.

Mit der großen Hochzeit im Linzer Schloß knapp drei Jahrzehnte nach seinem Tode fielen Ungarn und Böhmen an Habsburg.

1672 begann die frühindustrielle Geschichte mit einem gewaltigen Paukenschlag. Tausende Arbeiter der Wollzeugfabrik nahmen ihre Tätigkeit auf. Nach den Niederlagen der napoleonischen Kriege wurde Linz als zentraler Verteidigungspunkt im Westen gegen künftige Angreifer stark befestigt. 32 im Volksmund „Pulvertürme" genannte Verteidigungsanlagen entstanden um Linz; das Zentrum bildete der Pöstlingberg mit seinem Fort. Erzherzog Maximilian d'Este, ein Mitglied des Kaiserhauses, soll die zündende Idee gehabt haben. Seit den 30er Jahren des 19. Jh. wurden die Kriege, die Österreich zu führen hatte, in alle Himmelsrichtungen geführt, nur nicht mehr nach Westen. Die Anlage hat somit ihre Feuertaufe nie bestehen müssen.

1938 holte Adolf Hitler Österreich ins Reich. Mit der Errichtung der Reichswerke-Hermann-Göring begann die Industrialisierung von Linz. Die Hütte erlangte in den 60er Jahren durch die Erfindung des LD-Blasstahlverfahrens Berühmtheit (nach „Linz-Donauwitz", mittlerweile gängige Stahlerzeugungsart auf der ganzen Welt).

Linz bietet heute etwa 178.000 Arbeitsplätze und ist Zentrum für de facto 250.000 Bewohner (ca. 2 Kilometer vom Hauptplatz beginnt bereits die Nachbargemeinde Leonding).

Linz beherbergte mit Anton Bruckner (1896 in Wien verstorben), Johannes Kepler (bedeutender Sternenforscher) und Adalbert Stifter bekannte Künstler und Wissenschaftler. Seit etwa 30 Jahren ist Linz Universitätsstadt und bietet fünf Theaterbühnen, darunter eine für Oper und Operette. Die Stadt ist weiters Sitz der Landesregierung und des 56 Abgeordnete umfassenden Landtages (Regionalparlament) für das Bundesland Oberösterreich (1,4 Millionen Einwohner).

Sehenswürdigkeiten (Reihenfolge zum Stadtrundgang empfohlen)

Hauptplatz, bereits um 1200 angelegter, 60 m breiter und 219 m langer Saalplatz, der allerdings durch Umbauten gelitten hat. Die Nationalsozialisten rissen die Nordfront auf, um eine Auffahrt für die Nibelungenbrücke zu erhalten. Am besten erkennt man die Gesamtheit und Geschlossenheit dieses „großen Raumes", wenn man von Norden (also von der Nibelungenbrücke) nach Süden schaut. Zentrum des Platzes ist die Dreifaltigkeitssäule, die 1723 vom Italiener A. Beduzzi geschaffen wurde, angeblich als Dank dafür, daß Linz Pest, Kriegsgefahr und Hungersnot überstanden hatte. Drei Gründe für die Dreifaltigkeit also. Wahrscheinlich gab es nur einen einzigen Grund: ein optisches Zentrum für den großen Platz zu schaffen, und dies ist vortrefflich gelungen. Die Säule ist aus weißem Salzburger Marmor mit bekrönender Dreifaltigkeitsgruppe aus vergoldetem Kupfer. Der Neptunbrunnen (1686–1690, von Johann Spaz) wurde nach einem Zwischenspiel vor dem Landesgericht – böse Zungen behaupten wegen der derzeit dort grassierenden Rattenplage, die sogar 1995 eine Benützung des großen Schwurgerichtssaales unmöglich machte – wieder hier aufgestellt.

Das **Alte Rathaus** (Hauptplatz Nummer 1) ist im Kern gotisch und wurde 1658 frühbarock umgebaut. Daneben befand sich früher das Gasthaus zur Stadt Frankfurt. Hier war Beethoven zu Gast, dessen Bruder in Linz verheiratet war. Das Haus Nummer 27 beherbergt heute die Creditanstalt, früher das bestens bekannte Kaufhaus Kraus & Schober. Die Fassade blickt ins Mühlviertel, wo ein Großteil der Kundschaft herkam. Zur Zeit des Wiener Kongresses war in diesem Haus eine gefürchtete Persönlichkeit „interniert",

Der Linzer Hauptplatz gilt als einer der schönsten Saalplätze im süddeutschen Sprachraum; eine vergleichbare Geschlossenheit und Größe sind selbst in Wien oder München nicht zu finden.

nämlich der Polizeiminister Napoleons, Fouché. Er soll dem Markttreiben am Hauptplatz mit großem Mißmut zugesehen haben. Vielleicht, weil es keinen französischen Wein zu kaufen gab.

Beim **Palais Weissenwolff** biegen Sie in die Domgasse ein und gelangen so zum **Alten Dom**. 1989 gänzlich restauriert, erstrahlt die alte Bischofskirche, auch Ignatiuskirche genannt, in neuem Glanz. 75 Jahre, bis 1674, wurde an dem Bau gearbeitet. Die beiden Türme sind ein Wahrzeichen von Linz. Das einschiffige Langhaus mit prunkvoller Wirkung und der zweijochige Chor wurden mit Stuckarbeiten reich verziert, die Seitenwände mit korinthischen Kolossalwandpfeilern mit vergoldeten Kapitelen. Den Marmorhochaltar entwarf Giovanni Battista Colomba, G. B. Barberine hat ihn 1683 vollendet. Die Marmorstatuen der Heiligen Franz Xaver, Josef, Leopold und Franz Borgia fallen mir immer wieder durch ihre zu kurzen Beine auf. Vielleicht weil sie alle – wie im Barock üblich – zu dick waren. Besonders die Borgia-Päpste. Qualitätsvoll hingegen das Hochaltarbild „Mariä Himmelfahrt" von A. Bellucci. Besonders schön auch die Chorgestühle von Michael Obermüller (1633); ursprünglich für das Kloster Garsten bei Steyr gefertigt, wurden sie nach der Auflösung des Klosters hierher gebracht. Rechts befindet sich eine kleine Nepomuk-Kapelle, die in letzter Zeit immer öfter für Messen genützt wird. Die Kirche ist im Verhältnis zur entvölkerten Innenstadt sehr groß.

Durch die **Domgasse** kommen Sie vorbei am Hauptpostamt zur **Stadtpfarrkirche**, wohl eines der schönsten Gotteshäuser von Linz. Eine Urkunde aus dem Jahr 1286 erwähnt die Verlegung der Pfarrkirche vom Schloß in diese dreischiffige, im Kern romanische Kirche. Rechts neben dem Hochaltar befindet sich der Grabstein für Kaiser Friedrich III. Herz und Eingeweide wurden hier bestattet. Eine getrennte Bestattung von Körper und Eingeweiden war bei den Habsburgern üblich. Sehenswert ist auch das Fresko über dem Chorraum vor dem Hochaltarbild „Mariä Himmelfahrt", den „Triumph der Religion" darstellend. Das gewisse Blau verrät wiederum den Maler: Bartolomeo Altomonte. Der Sakramentsaltar zeigt das „Letzte Abendmahl" und stammt wahrscheinlich von Sandrart. Wahrscheinlich deswegen, weil es für einen Sandrart gar arg düster ist. Auf der Orgel hat Bruckner lange Zeit gewirkt.

Durch die Pfarrgasse – gegenüber der Kirche wohnte Goethes Freundin Marianne von Willemer – kommen Sie zurück zum Hauptplatz. Sie überqueren ihn und gelangen so in die Hofgasse und nach einem steilen Anstieg zum **Linzer Schloß**. Alte Linzer sprechen von der „Schloßkaserne". 1477 baute Friedrich III. das Schloß aus, so gut es seine tristen Finanzen zuließen. Vor allem das Friedrichstor (1481) ist sehenswert. Die heutige Form der blockartigen, schmucklosen Baugruppe ist durch die Schäden, die ein Brand im Jahre 1800 hinterließ, notwendig geworden. Das Kaiserhaus besaß viele Schlösser, die meisten wurden als Kasernen oder in Kriegszeiten als Lazarette benützt. Im Jahre 1800 war das Schloß Heerlager im Kriege gegen die junge französische Republik. Dabei ist das Schloß mitsamt einem größeren Teil der Altstadt abgebrannt.

Vom Schloß hat man einen sehr schöner Rundblick, bemerkenswert ist auch das Donaucafé. Das Linzer Schloß birgt das flächenmäßig größte Museum Österreichs außerhalb Wiens mit Sammlungen zum Thema regionale Geschichte und einigen Gemäldesammlungen, die das Land ankaufte.

Den Rundgang setzen Sie nun über die Stiegen hinunter zum Landestheater fort. Auf diesem Südhang wurde noch vor dem Ersten Weltkrieg Wein angebaut.

So kommen Sie zum **Landestheater**, rechts der Theaterneubau der **Kammerspiele** von Professor Clemens Holzmeister (Erbauer der Festspielhäuser in Salzburg). Vorbei am Großen Haus und den Redoutensälen erreichen Sie das **Landhaus**. In diesem Renaissancegebäude befindet sich der Sitz der Landesregierung und des Landtages. Das Haus der Landstände birgt einen sehr schönen Laubenhof (Christoph Canevale, 1568 -1574), der 1802 nach dem Brand umgestaltet wurde. Einige Jahre später hat genau dieser Canevale in Waldhausen die herrliche Kirche bereits im barocken Baustil errichtet. Beachten Sie auch den schönen Planetenbrunnen, der ursprünglich 1582 aufgestellt und 1648 neu errichtet wurde. Auf der Mittelsäule sehen Sie ein bedeutendes Bronzebildwerk mit den sieben personifizierten Planeten, die den Wissensstand des 16. Jh. spiegeln.

Wenn Sie nun durch den Durchgang bis zur Altstadt gehen, so kommen Sie durch das prächtige Marmorportal, eines der wenigen Renaissance-Kunstwerke unseres Landes.

Vor Ihnen liegt nun die **Altstadt**, jetzt Fußgängerzone, früher mit einem grauenhaft buckligen Kopfsteinpflaster versehen. Das Haus Nummer 10, das **Kremsmünsterer Stiftshaus**, wurde 1578/80 von Canevale erbaut und gilt als Sterbehaus von Friedrich III.

Jetzt spazieren Sie aber bitte zurück durchs Landhaus auf die Promenade; geradeaus weiter kommen Sie in die Herrenstraße und zum **Dom Maria Empfängnis**, der flächenmäßig größten Kirche Österreichs, die Linz einem eigenwilligen Bischof der Gründerzeit zu verdanken hat: Bischof Rudigier. Ihm blieb beispielsweise eine Gefängnisstrafe nur durch einen Gnadenakt des Kaisers erspart. Dieser Bischof Rudigier setzte es sich in den Kopf, die größte Kirche Österreich-Ungarns mit dem höchsten Turm zu bauen. Das löste allgemeinen Widerspruch aus. Der Erzbischof von Wien wollte auch weiterhin den höchsten Turm haben, die Linzer Bürger wollten nicht so viel Geld ausgeben. Schließlich bewilligte man Rudigier Geld für eine mittlere Kirche, da man einsah, daß die Ignatiuskirche keine Bischofskirche für eine 70.000-Einwohner-Stadt war. Der Bischof nahm das Geld und ließ damit den Turm und den gegenüberliegenden Chorraum bauen. Das für eine Kirche unbedingt notwendige Langhaus ließ er ausgespart. Die neue Kirche wurde so zur Witzfigur. Auch der Erzbischof von Wien sollte sich nur oberflächlich durchsetzen. 134 m Höhe wurden für den Turm genehmigt, 137 m hat St. Stephan in Wien. Rudigier dachte da an ein hohes Turmkreuz, welches mit 7 m auch mit freiem Auge auffällt. Sie können also Ihrem Fremdenführer in Wien sagen, wo die höchste Spitze eines Kirchturmes inklusive Kreuz in Österreich steht. 1862 wurde der Grundstein gelegt, 1924 war das Gotteshaus soweit fertig.

Bemerkenswert sind auch die 1913−1916 vollendeten Gemäldefenster, die beiden Kolossalstatuen des hl. Petrus und hl. Paulus aus der Kirche von Eferding (1663) beim Haupteingang und das Bronze-Kreuz von Joseph Gasser.

Der Stadtrundgang führt Sie nun die Rudigierstraße hinunter zur Mozartkreuzung. Dort biegen Sie links in die **Landstraße**, die Hauptgeschäftsstraße von Linz, ein. Das ehemalige „Hotel Goldenes Schiff" ist heute Parteizentrale der SPÖ, hier war einer der wichtigsten Schauplätze des Bürgerkrieges vom 12. Februar 1934, schräg gegenüber die **Ursulinenkirche** mit den beiden Kirchtürmen. Dort, beim Landeskulturzentrum neben der Karmeliterkirche, biegen Sie rechts ein und gelangen so zur etwa 300 m von der Landstraße entfernten, 1725 geweihten **Deutschordenskirche**

vom hl. Kreuz. Architekt war der bedeutende Johann Lukas von Hildebrandt, der damals schon davor warnte, ein zu hohes Seitenhaus zu errichten; das schmälere den äußeren Eindruck des zierlichen Kirchleins. Der Hochaltar, nach dem Entwurf von Hildebrandt und mit einem Altarbild von Martino Altomonte (1724), stellt Christus am Kreuz mit den Heiligen Maria, Magdalena und Johannes dar. Die Seitenaltarbilder stammen von Joseph Schmidt, sie stellen den Tod des hl. Josef und des hl. Johannes von Nepomuk dar.

Auf dem Rückweg zum Hauptplatz kommen Sie am gräßlichen Aral-Parkhaus vorbei. Das bauliche Chaos in diesem Bereich erinnert fast an das Zentrum einer Provinzstadt Mittelsibiriens. Nicht im Rundgang eingeplant ist die **Minoritenkirche** im Landhaus, die Mariä Verkündigung geweiht ist. Aber Sie haben ohnehin schon eine Reihe von Gotteshäusern hinter sich, schließlich haben Sie ja keine Wallfahrt gewählt.

Sehenswert wären weiters die **Neue Galerie** im Lentia 2000 in Urfahr, ca. 15 Gehminuten vom Hauptplatz entfernt. Die Neue Galerie beherbergt eine der bedeutendsten Sammlungen zeitgenössischer Malerei in ganz Österreich. Weitere Museen in Linz: das **Stadtmuseum Nordico** nahe dem gräßlichen Parkhaus und das **Landesmuseum** in der Museumstraße mit dem bedeutenden Kolossalfries.

Nicht dabei bei unserem Rundgang sind auch der **Freinberg**, eine schöne Parkanlage mit Promenade, wo man früher seine künftige Gattin freite, und die älteste in ihrer ursprünglichen Form erhaltene Kirche Österreichs, die **Martinskirche** hinter dem Schloß (offener Pfeilerbogenbau aus dem 8. Jh. mit berühmtem Volto-Santo-Bild, Secco-Malerei um 1440). Den 537 m hohen Pöstlingberg stellte ich Ihnen bereits im Rahmen der Routenbeschreibung vor.

***St. Florian bei Linz

296 m Seehöhe, Marktgemeinde, 5.200 Einwohner

15 km südlich von Linz befindet sich eine der bedeutendsten Sehenswürdigkeiten Österreichs, das **Augustiner-Chorherren-Stift St. Florian.** „Zählt zu den glänzendsten Leistungen des Barock überhaupt", schwärmt der sonst eher sachlich-nüchterne Kunstführer Dehio, „zählt zu den großartigsten Barockbauten Europas", meint Polyglott. St. Florian nicht zu sehen, hieße, die Perle des Donauraumes nicht zu kennen. Auch wenn die Besichtigung einen Umweg mit sich bringt – es sind auf dieser Route knapp 80 km vom Linzer Stadtzentrum bis nach Grein -, sollten Sie doch die Route über St. Florian wählen. Noch dazu ist der Radweg am rechten Donauufer viel schöner als der auf der alten B 3 am linken Ufer.

Da das Augustiner-Chorherren-Stift nur im Rahmen einer Führung besichtigt werden kann, gehe ich in meiner Beschreibung nicht ins Detail.

1071 wurde das Kloster dem Orden der Augustiner Chorherren übergeben. Angeblich wurde es über der Begräbnisstätte des Blutzeugen Florianus errichtet. Der hl. Florian ist heute noch ein populärer Heiliger, u. a. Schutzpatron der Feuerwehren: 304 wurde der römische Beamte ertränkt, und zehn Jahre später war das

*Das mächtige Stift St. Florian gilt als eines der schönsten Bauwerke
Österreichs. Harmonie und Geschlossenheit ziehen den Besucher
auch heutzutage in ihren Bann, so wie schon vor mehr als einhundert Jahren Anton Bruckner, der hier begraben liegt.*

Christentum bereits zweite Staatsreligion Roms. Deswegen wird angenommen, daß Florian Opfer einer Intrige war, was die Christen noch mehr für diesen Heiligen einnahm. 1686 begann man mit einem Neubau, der erst im 18. Jh. fertig gestellt wurde und dem Stift das heutige Aussehen verlieh.

Sehenswert ist u. a. die **Stiftskirche Mariä Himmelfahrt** mit ihrem mächtigen fünfjochigen Langhaus und beiderseits je vier Seitenkapellen. Der Chor trägt eine flache Hängekuppel, und über dem Hochaltar befindet sich der halbkuppelgewölbte Schluß. Den schweren Stuck schuf Bartolomeo Carlone, die Fresken J. Gumpp und M. Steidl (1690 – 1695), wobei gelegentlich der dominierende Gelbton kritisiert wird. Die ornamentalen Fresken im Chor stammen von Dominicio Farancia (1750). Der wuchtige Hochaltar aus Salzburger Marmor wurde von J. B. Colomba geschaffen (1683 - 1690). Das Hochaltarbild von G. Ghezzi (1687) stellt die „Himmelfahrt der hl. Jungfrau" dar; wuchtig – einem Panzer ähnlich – der Tabernakel von J. Sattler; die in ihrer Proportion nicht überzeugenden Statuen stammen von G. Boni.

Über dem Kircheneingang befindet sich die sogenannte Bruckner-Orgel von F. X. Krismann aus Laibach (1770 – 1774) mit einem schönen spätbarocken Gehäuse von J. Ch. Jegg. Sie ist die größte Kirchenorgel Österreichs. Die Gewaltigkeit des Klanges in dem großen Kirchenraum sei einmalig, sagen Kunstexperten. Das prachtvolle Abschlußgitter unter der Orgelempore schuf der Passauer H. Meßner (1698). Rechts vom Eingang schöne Marienkapelle mit Carlone-Stuck.

Unter der Kirche befindet sich die **Gruft Anton Bruckners**, der hier seine Ausbildung erhielt und einen Gutteil seines Schaffens „dem lieben Gott" widmete.

Das Stiftsgebäude birgt eine Reihe von großartigen Kunstschätzen. Schon die 240 m lange **Westfassade** mit dem Bläserturm (1713) und den prächtigen schmiedeeisernen Fensterkörben verrät, daß es sich um eines der reichsten Klöster Österreichs handelte. Durch das von Barockbaumeister J. Prandtauer entworfene Eingangsportal gelangen Sie in den großen Stiftshof. Wenden Sie Ihren Blick, und Sie sehen das von Meister Prandtauer selbst entworfene ***Treppenhaus**, das seinesgleichen in Europa sucht. Die Farben – Wandflächen gelb, Pilaster und Gesimse weiß, schmückende Einzelheiten in Naturstein – und die durch den großen Mittelbogen unterbrochenen weichen Linien verleihen ihm eine ästhetisch einmalige Wirkung.

Der Rundgang erschließt Ihnen u. a. die **Bibliothek** im Ostflügel, von Gotthard Hayberger nach den Plänen Prandtauers erbaut (1744–1750). Das Deckengemälde stellt die Verbindung der „Tugend" mit der „Wissenschaft" dar. Die raffinierte Architekturmalerei stammt von Antonio Tasse (1747), die Einrichtung von Johann Jegg (1747–1750).

Der nächste Höhepunkt erwartet Sie im **Kaiser-** oder **Marmorsaal**, ebenfalls von Prandtauer entworfen (1718). Beachten Sie die Leichtigkeit der Außenwände. Der Schub der Gewölbe wird ausschließlich in die anliegenden Gebäudeteile geleitet – ein architektonisches Wagnis ersten Ranges. Das Deckengemälde von Bartolomeo Altomonte zeigt die Siege Österreichs und Ungarns über die Türken und die Segnungen des Friedens.

Nunmehr folgen die im zweiten Stock gelegenen **Kaiserzimmer**, eine Reihe von Zimmern und Sälen von einzigartiger Schönheit, in die aus denkmalschützerischen Gründen zum Teil sogar die Einleitung elektrischen Stroms verboten wurde. Einheitlich abgestimmte Deckengemälde, Plastiken, Gobelins und Möbel erwecken den Eindruck von großem Reichtum und Schönheit, der selbst einem kaiserlichen Schloß zur Ehre gereichen würde. Im Prinz-Eugen-Zimmer steht ein Prunkbett für den Feldherren französischer Herkunft, der aufgrund seiner kleinen Statur nicht in die Dienste Ludwig XIV. aufgenommen wurde. Das letzte Zimmer ist ärmlich eingerichtet. Ursprünglich war es für niedere Diener geschaffen und ist jetzt dem großen Anton Bruckner gewidmet, der hier drei Jahre Sängerknabe und von 1850 bis 1855 Stiftsorganist war.

Ganz besonders sei noch auf den glanzvollen **Albrecht-Altdorfer-Altar** hingewiesen. Die Szenen aus dem „Leben und Leiden des Herrn" und des hl. Sebastian gelten als eines der Hauptwerke der Donauschule. Sicher haben Sie die Bildtafel „Christus am Ölberg" mit dem wahrhaft einmaligen Rot schon öfter in Bildbänden oder Kalendern gesehen; sie ist ein beliebtes Motiv.

Von Prälat Neuwirth mußte ich erfahren, daß zwei der Altarbilder des Altdorfer-Altares verkauft werden sollen, denn aufgrund der Auflösung und Konfiszierung von Stiftsgütern verfügt das Stift bei weitem nicht über die Mittel, die herrlichen Kunstschätze zu erhalten. Klagen über die prekäre finanzielle Situation sind alles andere als leere Jammereien.

Führungen durch das Stift finden zwischen Ostern und Allerheiligen täglich um 10.00, 11.00, 14.00, 15.00 und 16.00 Uhr statt. 1996 – bedingt durch die Ausstellung – finden laufend Führungen statt.

St. Florian bietet noch ein interessantes **Feuerwehrmuseum** im Meierhof des Stiftes; so Sie vielleicht Feuerwehrhauptmann oder Brandrat sind, ist der Besuch für Sie sicher interessant. Sehenswert ist auch das Jagdmuseum im **Schloß Hohenbrunn** ca. 2 km außerhalb des Ortes, ein Lust- und Jagdschloß nach Plänen von Prandtauer (1722–1732). Schließlich seien noch das Freilichtmuseum Samesleiten, der **Sumerauerhof**, und die Museumsbahn Florianer-Straßenbahn erwähnt.

**Enns

280 m Seehöhe, Stadt, 9800 Einwohner

Die Geschichte der ältesten Stadt Österreichs beginnt im nahen Lorch, von den Römern Lauriacum genannt. Aufgrund der Bedrohung durch die Markomannen bauten die Römer das befestigte Stadtlager um die Zeitenwende aus und richteten es für die zweite italienische Legion ein. Um 212 erhielt Lauriacum das Stadtrecht, um 700 zerstörten es die Awaren. Die hier lebenden Bajuwaren und nicht abgewanderten Römer wurden brutalst ermordet. Schon 100 Jahre später zählte Lorch jedoch wieder zu den bedeutendsten Grenzpfalzen Karls des Großen. Nochmals 100 Jahre später wurde im nahen Raffelstetten die Zollordnung für den gesamten Donauraum erlassen.

Der Aufstieg von Enns begann mit dem Bau einer Burg im heutigen Stadtgebiet, denn der Fluß Enns mit dem davorliegenden flachen Land bot dafür eine strategisch günstige Lage. Um 1100 folgte der Burg Enns eine Zivilstadt. Zu dieser Zeit residierten im nahen Steyr die Ottokare, die den Traungau – die Kernregion des heutigen Oberösterreich – und die Steiermark beherrschten. 1186 kam es zum Erbvertrag zwischen den Ottokaren und den Babenbergern; nur 6 Jahre später kam die Steiermark zu Österreich und 1212 erhielt Enns das älteste Stadtrechtsprivileg im heutigen Österreich. Wien war durch die Ostlage noch weniger bedeutend, holte aber schnell auf. 1260 wurde Linz Sitz des Landeshauptmannes für Oberösterreich. Erst am Ende des 18. Jh. erlaubte Josef II. eine eigene Verwaltung für Oberösterreich (= Abtrennung von der niederösterreichische Verwaltung) und gewährte Linz das Recht zum Brückenbau über die Donau. Dadurch verlor Enns rasch an Bedeutung, es wurde zu einem Landstädtchen. Heute ist Enns nicht einmal Bezirkshauptort.

Sehenswert ist Enns mit seinem sehr schönen Stadtplatz. Der **Stadtturm** ist 59 m hoch und wurde zwischen 1554 und 1568 als freistehender Glocken- und Wachturm erbaut. Ausgetretene Stufen führen zur Aussichtsgalerie mit interessanter Brandmelder-Stube. Der Stadtplatz hat eine beachtliche Raumwirkung. Die Bürgerhäuser stammen durchwegs aus dem Mittelalter und bieten teilweise barocke oder Renaissance-Fassaden. Das ehemalige Rathaus, Nummer 19, ist heute **Museum der Stadt Enns**, auch **Museum Lauriacum** genannt. Die Stuckarbeiten im großen Rathaussaal (1720–1730) stellen u. a. die vier Elemente dar. Die Sammlungen zeigen teilweise wertvolle Funde aus der Römerzeit.

Die **Pfarrkirche**, ursprünglich Klosterkirche der Minderen Brüder, besteht aus der Hauptkirche und der im Osten angebauten, wesentlich bedeutenderen **Wallseer Kapelle**. Dieser harmonische gotische Hallenraum wurde zur Mitte des 14. Jh. erbaut. Der höchst seltene Übergang vom zweischiffigen Langhaus zum dreischiffigen Chor scheint nicht nur im Gewölbe gelungen.

Außerdem seien noch die Bürgerspitalskirche und der Frauenturm als Rest des Frauentores mit wertvollen Fresken aus der Zeit um 1320 erwähnt.

Westlich von Enns liegt die Mutter aller bayerischen Kirchen, die **Basilika Lorch**. Beschreibung siehe Seite 37.

*Mauthausen
244 m Seehöhe, Marktgemeinde, 4400 Einwohner

Sehr schöne Bürgerhäuser am Heindlkai, Beschreibung siehe Seite 37.

*Baumgartenberg
236 m Seehöhe, Marktgemeinde, 1450 Einwohner

Die **Stiftskirche** des ehemaligen Zisterzienserklosters, 1141 von Otto von Machland gegründet, liegt nur etwa 3 km vom Donau-

Die oberösterreichische Goldhaube ist Ausdruck des selbst-
bewußten Bürgertums; 1,5 bis 2 Kilo Gold trägt die Maid an hohen
kirchlichen Festen auch heute noch - beeindruckend besonders bei
Schönwetter, wenn eine Vielzahl von Goldhauben in der Sonne
funkelt.

radweg entfernt. Von weitem ist das hohe Dach des Chorraumes der Kirche, das C. A. Carlone 1697 barockisierte, sichtbar. Wie es die Ordensregel vorschrieb, ist die mächtige, dreischiffige Kirche mit ihrem 16eckigen, geschlossenen Hallenchor und der dreischiffigen Vorhalle der Himmelfahrt der Gottesmutter geweiht. Auffallend sind die Darstellungen des oberösterreichischen Landeswappens und der Bourbonenlilie, z. B. im Chorgestühl. Das Wappen stammt von Otto von Machland, dem Gründer von Baumgartenberg; die Besiedelung erfolgte aus Morimond im Burgund, das sich die französischen Könige nach der mißglückten Heirat von Marie de Bourgogne mit Maximilian von Habsburg einverleibten. Marie verstarb viel zu früh.

Bemerkenswert sind vor allem die Kanzel (Ende 17. Jh.), die dem Bauch des Ordensgründers, des hl. Bernhard, entsprießt, und das Chorgestühl mit Akanthus-Berank aus Nußholz. Hier gilt die Lilie als Wappen des Abtes Candidus. Der prächtige Chorraum besteht aus den neun Seiten eines 16-Eckes, der Hochaltar dominiert zunächst durch die vier Säulen und das Altarbild „Mariä Himmelfahrt" von J. C. von Reslfeld (1694). Das Oberbild stellt die „Krönung der hl. Jungfrau" mit Engelsfiguren dar. Auf der Rückseite fällt ein Gemälde „Tod Mariä" auf. Der Tabernakel ist reich verziert, allerdings ein Stilbruch, er stammt aus dem Jahre 1878.

Bedeutend ist Baumgartenberg wegen seines 121 Bilder umfassenden Freskenbestandes; kürzlich waren Details auf einer Briefmarke der österreichischen Post abgebildet. Fast alle 121 Bilder haben die Verherrlichung der hl. Gottesmutter zum Thema. Darstellungen des Ordensgründers Bernhard von Clairvaux und eine Außenansicht des reichen Klosters aus Jahre 1697, über dem Eingang, komplettieren die Motive. Die Künstler sind unbekannt, da Rechnungen und entsprechende Aufzeichnungen fehlen. Nur der Maler des Chorfreskos mit dem hl. Lucas als Motiv ist bekannt: G. A. Mazza (1696).

Die westliche Vorhalle beim Kircheneingang ist dreischiffig, das schmale Kreuzrippengewölbe und die schlanken Säulen verleihen dem Raum trotz der Mauerschäden einen schönen südländischen Charakter. Die Entstehungszeit dürfte im frühen 14. Jh. liegen. Interessant ist im linken, dem nördlichen Seitenschiff ein Grabstein des Gründers Otto von Machland aus dem 15. Jh. Sein Todesjahr wird mit 1148 angegeben, der kinderlose Otto verstarb aber 1147 und vermachte dem Kloster große Besitzungen. Schenkungen erhielt das Kloster auch vom Minnesänger Ditmar von der Aist.

Das 1784 aufgelöste Kloster beherbergt heute eine Schule.

*Klam

282 m Seehöhe, Marktgemeinde, 650 Einwohner

In der hoch über der Klamm-Schlucht gelegenen Burg, einer der besterhaltenen Österreichs, ist ein bedeutendes Burgenmuseum untergebracht. Besitzer sind „Derer von Clam-Martinic", ein Adelsgeschlecht, das bereits in Zusammenhang mit dem Prager Fenstersturz von 1618 genannt wird. Einer der „Geschmissenen" war ein Martinic. Beschreibung siehe Seite 41.

**Grein an der Donau

218 m Seehöhe, Stadt, 2800 Einwohner

Das Barockstädtchen verdankt sein schönes Ortsbild, beschützt von der mächtigen Greinburg, jenen gefürchteten, stromabwärts gelegenen Schiffahrtshindernissen, die als „Strudel" (Einzahl) oder „Struden" (Mehrzahl) bekannt sind. In der Zeit vor der Dampfschiffahrt, also etwa bis zur Mitte des 19. Jh., legte man die Strecke Grein – St. Nikola am Landweg zurück. Das Schiff wurde – ohne Ladung – durch die Struden gezogen. Erst dann ging die Fahrt weiter. 1491 erfolgte bereits die Stadterhebung und die Grundsteinlegung zur Greinburg. Sie gilt als erstes planmäßig angelegtes Schloß in deutschen Landen (Übergang vom Verteidigungsbau Burg zum Repräsentationsbau Schloß).

Sehenswert sind im Ort das Barocktheater, der Stadtplatz, die Pfarrkirche und die Greinburg.

Das **Barocktheater** wurde 1790 in einen ehemaligen Getreidespeicher eingebaut, die Einrichtung stammt aus dem 19. Jh. und ist sehr gut erhalten. Sitzreihen mit Sperrsitzen – wie damals üblich, hatte man statt eines Abo-Tickets einen Schlüssel für die aufklappbare Sitzfläche –, die Abortanlage links im Theaterraum, die die mittelalterlichen Zwischenräume der Häuser ausnützt, und ein schöner, bemalter Vorhang machen das Theater sehenswert. Gegenüber der Bühne befindet sich der Gemeindekotter mit Guckloch, so daß die Häftlinge den Aufführungen folgen konnten. Amüsante Führungen werden mehrmals täglich angeboten.

Die dem hl. Ägidius geweihte **Pfarrkirche** ist spätgotisch; die dreischiffige Hallenkirche ist wegen des mit Stuckmarmor geschmückten Hochaltares (1747) mit Gemälden von B. Altomonte (1749) einen Blick wert.

Am **Stadtplatz** sind das Biedermeiercafé Blumensträußl mit sehr gut erhaltener Einrichtung aus dem 19. Jh., das **Rathaus** aus dem Jahre 1562 sowie diverse Schiffmeisterhäuser mit schönen Erkern sehenswert. Bemerkenswert ist noch das nahe **Franziskanerkloster**, das dringend renoviert werden müßte. Es findet sich jedoch niemand, der die Renovierung finanzieren kann oder will. Die Kirche ist ein derzeit nicht benützbares Gefängnis.

Die **Greinburg** verfügt über einen weiten, an drei Seiten mit dreigeschossigen Bogengängen versehenen Hof, dessen vierte Seite später mit Korbbogen-Arkaden komplettiert wurde. Das Fürstenschloß war lange Heim des Donaufestivals, seit 1995 werden wieder Festspiele abgehalten, die mit den Sommerspielen Grein im Theater (Komödien, Spieltage Freitag, Samstag und Sonntag im Juli und August) allerdings nichts gemeinsam haben.

Sie betreten die zwischen 1488 und 1495 errichtete Anlage durch den fünfseitigen Turm, ein Tribut an den Verteidigungsbau „Burg". Burgeingänge mußten immer im Winkel von etwa 45 Grad zum Inneren errichtet werden. Es wäre sonst zu leicht gewesen, bei Öffnen des Burgtores geradeaus ins Zentrum der Burg zu schießen. Auf einem wegen des Fahrlärms mit Holzstücken belegten Boden gelangen Sie in den **Arkadenhof** mit südländischem Flair. Die Arkaden wurden als Zierde vor die bestehenden Mauern gebaut, spielen also keine „tragende Rolle". Diagonal links gegenüber vom Eingang befindet sich der Aufgang zum **Schiffahrtsmuseum**, links davon ein Erdgeschoßraum mit mächtigem Zellengewölbe, der zumeist auch zugänglich ist. Dieser Raum, in dem sich wahrscheinlich eine Art Zehent-Abgaberaum befand, und der Eingangsturm sind die einzigen Reste des ursprünglichen Baues. Alles andere wurde 1621 wesentlich umgebaut.

So auch der mächtige **Rittersaal** im Südflügel, in den man ein zweistöckiges Haus hineinbauen könnte. Beachten Sie das gemalte Prunkportal zu diesem 1625 fertiggestellten Raum und die daneben liegende **Schloßkapelle** mit Marmoraltar. Mehrere Portraits, die vornehmlich in der Burg Kreuzen am Dachboden oder anderen Abstellräumen gelagert wurden, hat man hier aufgehängt.

Das älteste in seiner ursprünglichen Form erhaltene Theater Österreichs liegt hinter dieser Fassade. Im Juli und August finden in Grein an Wochenenden Sommerspiele statt.

St. Nikola ist mit den Schiffern aufs engste verbunden: Hier waren die gefürchteten Struden zu Ende. Die Schiffahrt konnte ungehindert bis Wien weitergehen.

Neuerdings ist auch ein **Familienmuseum** der Besitzerfamilie Sachsen-Coburg-Gotha eingerichtet. Der Chef des Hauses, Prinz Friedrich, lebt hier wegen seiner Krankheit in vollkommener Zurückgezogenheit. Sein Familienname ist Josias, dieser wird jedoch interessanterweise nie genannt. Auf die Habsburger angewandt, würde dies bedeuten, daß man Erzherzog Otto von Österreich schreiben würde.

Nicht zugänglich, da man sich über die Erhaltungskosten nicht einigen kann, ist das **Steintheater** im Kellergeschoß. Es wurde gebaut, um bei sommerlicher Hitze in angenehm kühler Atmosphäre Theaterstücken lauschen zu können. Ich konnte es einmal sehen; Millionen von Kieselsteinen in den verschiedensten Farben sind zu beeindruckenden Mosaiken und Ornamenten angeordnet. Das Argument, daß die Mauern bis in eine Höhe von zwei bis drei Metern verglast werden müßten, um zu verhindern, daß Besucher die Steine als Souvenir mitnähmen, ist nicht von der Hand zu weisen. Und da spießt es sich, denn die öffentliche Hand will das Geld nicht aufbringen.

Die neuere Geschichte des Schlosses ist interessant: Besitzerin war vor etwa 140 Jahren Königin Victoria von England, die das Schloß Verwandten ihres Mannes schenkte. So kamen die Coburger in den Besitz von ca. 6500 Hektar Wald, der von hier bis zur tschechischen Grenze reichte, und von mehreren Burgen und eben diesem Stammschloß der Grafen von Meggau. 1945 hat die Rote Armee in der Greinburg, wie auch in anderen Schlössern, gewütet. Doch dieses Fürstenschloß war zudem deutsches Eigentum. In den 60er Jahren hat der österreichische Staat, der seinerseits deutsches Eigentum in Österreich von der Roten Armee ablösen mußte, die „Herrschaft Greinburg" wieder an die einstigen Besitzer verkauft. Ein Rechtsanspruch der ehemaligen Besitzer bestand nicht. Ich kannte noch einige Regionalpolitiker, die dagegen protestierten und die Wälder gerne den diversen Gemeinden gegeben hätten. Nun, Wien hat anders entschieden. Die Greinburg befände sich sicher nicht in einem so guten baulichen Zustand, wäre der Besitz damals aufgeteilt worden. Der Zutritt wird allerdings vom Besitzer freiwillig gewährt, die Freude kann also jederzeit ein Ende haben.

Das Schiffahrtsmuseum im Schloß ist von Mai bis Oktober täglich außer Montag von 9.00 bis 12.00 und von 13.00 bis17.00 Uhr zu besichtigen.

St. Nikola an der Donau

228 m Seehöhe, Marktgemeinde, 900 Einwohner

Die Gemeinde besitzt wie nur wenige andere in Österreich gleich drei Gemeindewappen. Die Orte Struden, St. Nikola und Sarmingstein waren reiche Schiffmeisterorte und hatten daher ihr eigenes Wappen. (Etwa sieben der 445 Gemeinden in Oberösterreich haben bis heute trotz ausdrücklichen Wunsches der Landesregierung überhaupt keines.)

1141 stiftete Beatrix von Machland ein Spital und eine Kirche, die man 1351 nach St. Nikola, dem Patron der Reisenden, benannte. Die **Kirche** birgt am linken Seitenaltar vier aus der Kirche von

Struden stammende Flügelreliefs („Verkündigung Mariä", „Geburt Christi", „Anbetung der Könige" und „Tod Mariä") aus einer Nachfolgewerkstatt des Kefermarkter Altares (um 1500). Bemerkenswert ist auch die alte Spenden-Kassa, die im Pfarrhof verwahrt wird. Vielleicht haben Sie Glück, und der Pfarrer zeigt Ihnen dieses große, eiserne Prunkstück.

In der Nähe befinden sich die **Turmruine Sarmingstein** (1488) und die Donauinsel **Wörth**. Details siehe Seite 44.

**Waldhausen

460 m Seehöhe, Marktgemeinde, 2800 Einwohner

Als der Donauradweg entdeckt wurde, nächtigten viele Radfahrer in Waldhausen. Schade, daß jetzt, trotz Fitneßwelle, niemand mehr die 250 Höhenmeter überwinden will. Die Linienbusse der Post nehmen auch Räder mit, so daß Sie ohne Anstrengung den schönen Markt mit Badesee erreichen könnten.

Sehenswert ist die **Klosterkirche**, die Probst L. Voss zwei Jahrhunderte nach der Zerstörung durch die Hussiten im Jahre 1443, nämlich zwischen 1647 und 1680, erbauen ließ. Es ist die erste Barockkirche des Donauraumes. 1792 wurde das Kloster aufgehoben, die kaum zu bezahlenden Schulden, die noch vom Bau herrührten, waren der Hauptgrund dafür. Das Baumaterial des abgebrochenen Stiftes wurden u. a. in Laxenburg bei Wien zum Bau des dortigen Prunkschlosses der Habsburger verwendet. Die Kirche sollte auch abgerissen werden, aber Bauern der Umgebung revoltierten; 1792 nichts Seltenes! Man mußte eine hohe Summe zahlen, denn der Wert des deshalb nicht zur Verfügung stehenden Baumaterials und der wertvollen Einrichtung mußte ersetzt werden. Allerdings verfiel das Gotteshaus dann schnell, besonders nachdem die Franzosen es als Stall und das Hochaltarbild als Zielscheibe für Schießübungen benützt hatten. Pfarrer Moosbrugger, der ein halber Heiliger war, hat Tag und Nacht gearbeitet, und so ist diese herrliche Kirche wiedererstanden.

Die prächtige Raumwirkung geht von den Farben Weiß, Schwarz und Gold aus. Sie bestimmen den hellen Innenraum. Der Stuck ist leicht, die Farben dezent. Christoph Colomba und Carlo Canevale waren die Architekten, der Stuck stammt von Giovanni Battista Colomba, einem Bruder des Architekten. Die Hauptdeckenfresken zeigen (vom Eingang beginnend) die „Apokalypse", „Mariä Himmelfahrt", „Bekehrung des Saulus". Der mächtige Hochaltar eines Passauer Tischlers wurde 1669 angefertigt. Besonders bemerkenswert ist das obere Aufssatzbild von J. v. Sandrart (1675). Es zeigt das „Jüngste Gericht". Das herrliche Chorgestühl stammt aus dem Jahr 1672. Die Manualorgel fand als eine von sieben in Österreich Eingang in das Weltorgelbuch. Dieses herrliche Gotteshaus lohnt einen Umweg!

Ybbs an der Donau

220 m Seehöhe, Stadt, 6100 Einwohner

Die 1317 zur Stadt erhobene Donaugemeinde ist auf Seite 46 beschrieben.

Persenbeug

222 m Seehöhe, Marktgemeinde, 1900 Einwohner

Das mächtige Schloß wurde auf Seite 47 ausführlich beschrieben.

Marbach an der Donau

220 m Seehöhe, Marktgemeinde, 1600 Einwohner

Beschreibung siehe Seite 47.

*Maria Taferl

440 m Seehöhe, Marktgemeinde, 810 Einwohner

Über den Kreuzweg von Marbach bequem in etwa 25 Gehminuten erreichbar. Der zweitgrößte **Wallfahrsort** Österreichs ist landschaftlich schön auf einem Abhang zur Donau hin gelegen. Auf dem großen Vorplatz der Kirche fällt eine Granitplatte auf, die eine heidnische Kultstätte gewesen sein soll. Begonnen hat die Wallfahrtstätigkeit allerdings mit einer Eiche, an der eine kleine Inschrift (= „Taferl") über die heilige Gottesmutter angebracht war. 1633 soll der Viehhirte Pachmann versucht haben, diesen Eichenbaum zu schlägern. Die Axt verletzte ihn am Fuß, und ein Hilferuf zur Gottesmutter half die Wunden heilen. 1642 war es der Richter von Krummnußbaum, der ein Gnadenbild bei der Eiche errichtete und fortan von Depressionen geheilt war. 1651 erholte sich angeblich die Eiche von den Axthieben und trieb wieder aus. Bis 1661, der Grundsteinlegung zur Kirche, soll es laufend zu Engelserscheinungen gekommen sein. 1947 wurde Maria Taferl zur Basilika erhoben.
Fresken in der Vorhalle zeigen die erwähnte Gründungssage. Das Langhaus schmücken Fresken von Antonio Beduzzi, der etwas dunkel geratene Hochaltar wurde von Josef Matthias Götz 1736 gefertigt. Prächtig ist die Kanzel, gänzlich vergoldet. Im langen Aufgang sind die vier Evangelisten Matthäus, Markus, Lukas und Johannes dargestellt. Links der Kreuzaltar und rechts der Heilige-Familie-Altar, „bewacht" vom hl. Joachim und von der hl. Anna, der Mutter der hl. Maria. Die Altarbilder stammen vom Kremser Schmidt. Die beiden Eingänge führen in die Sakristei und werden von den Propheten Jesaia und Jeremias gesäumt. Zentrum des Altares ist die 58 cm hohe Gnadenstatue, sie stellt die hl. Gottesmutter und den im Schoß liegenden Gekreuzigten dar. Sehenswert ist auch die Schatzkammer.
Erwähnenswert ist außerdem eine Schaukrippe im Ort selbst, die einen ganzen Raum ausfüllt.

Pöchlarn und Kleinpöchlarn

216 m Seehöhe, 2 Gemeinden mit 3600 Einwohnern

Das am rechten Ufer liegende Pöchlarn wurde durch einen berühmten Sohn bekannt: Der am 1. März 1886 geborene impressionistische Maler Oskar Kokoschka wird in seinem Geburtshaus in der Regensburgerstraße 29 gewürdigt. Zu Beginn seiner

Schaffensperiode war Kokoschka ein betonter Expressionist, später wandte er sich dem Impressionismus zu. Diese ersten Bilder erzielten die höchsten Preise, die ein österreichischer Maler bis dahin für eines seiner Werke bekam.

Berühmt wurde Pöchlarn – das römische Arelape – aber auch durch das Nibelungenlied. Rüdiger von Bechelaren wird namentlich genannt, und hier in Pöchlarn wurden die Nibelungen empfangen, ehe sie der Weg in die „Götterdämmerung" am Hofe des Hunnenkönigs Etzel führte, der sich im Gebiet des heutigen Wien befunden haben soll. Die Römer hatten hier eine Kommandatur für die Donauflotte errichtet, das Soldatenlager war an die zwei Kilometer lang.

Bemerkenswert ist die **Kirche Mariä Himmelfahrt**. Details darüber auf Seite 48.

*Artstetten

395 m Seehöhe, Ortsgemeinde, 1144 Einwohner

2,8 km vom Donauradweg entfernt liegt dieses herrliche **Habsburgerschloß**, das Thronfolger Franz Ferdinand als seine Begräbnisstätte vorsah. Das ist doppelt bemerkenswert. Seine Gattin war die junge, angeblich mäßig hübsche Gräfin Chotek. Leider war diese Ehe für die untergehende Donaumonarchie in zweifachem Sinne problematisch. Der alternde Franz Josef erkannte die Angehörige der tschechischen Landadelsfamilie nicht als ebenbürtig an, und mittels rechtlich kaum haltbarer Abkommen wollte man verhindern, daß die aus dieser Ehe stammenden Kinder ihr Thronrechte an Anspruch nehmen könnten. Und so war das 1914 in Sarajewo ermordete Thronfolgerpaar in doppeltem Sinne aneinander gebunden: durch Liebe – es war natürlich eine echte Liebesheirat – und durch die feindselige Umgebung der Höflinge des Kaisers. Interessant ist daher, daß beide nicht das Lieblingsschloß Konopice südlich von Prag auserwählten, sondern hier in Artstetten die letzte Ruhestätte suchten. Interessant aber auch, daß Franz Ferdinand die Gruft 1909, als nicht einmal 55jähriger, errichten ließ. Denkt man schon so früh ans Sterben?

Beachten Sie bei der Besichtigung den Eingang zur **Gruft** unterhalb der Kirche; Franz Ferdinand meinte nach der Fertigstellung zu Ludwig Baumann, dem Architekten, daß er sich ob der engen Kurve einmal im Sarg umdrehen würde. Heute ist diese Kurve verschwunden. Ich habe den Besitzer, einen französischen Grafen, der eine Hohenberg geheiratet hatte, dazu befragt. Graf d'Harambure weiß von einem Umbau, den der Sohn des Thronfolgerpaares in den 30er Jahren durchführen ließ. Wahrscheinlich wollte der Sohn dem Wunsch des Vaters entsprechen.

Die Bestattung des Thronfolgerpaares im Juli 1914 war mehr als problematisch. Der alternde Kaiser hatte Trauerfeierlichkeiten verboten, im Sarg hätte er zwar Franz Ferdinand verziehen; aber – so die damalige Begründung – man hätte auch Vertreter des serbischen Königshauses einladen müssen, und da wollte man lieber gar keinen haben. Nun, Krieg führen war offenbar angenehmer. So fuhr der Hochadel Österreich-Ungarns mit dem Sonderzug nach

Pöchlarn; dort mußten dann die Särge über die Donau gebracht werden. Es gab ein fürchterliches Gewitter, das von den im kleinen Bahnhof wartenden Damen als Gottes Zeichen für die untergehende Donaumonarchie gewertet wurde. Währenddessen scheuten die Pferde bei Betreten der Fähre, nur durch Zufall konnten die Särge vor dem Versinken in der Donau bewahrt werden. Bei der Kurve streifte der Totenwagen wie vorausgesagt, die Leichen wurden wieder durchgerüttelt.

Wenn Sie nach Artstetten kommen, so bedenken Sie: Die Kriegsgefahr war am 28. Juni 1914 nicht größer als zwei Jahre vorher oder nachher. Hätte Franz Ferdinand nicht auf einer neuerlichen Durchfahrt durch Sarajewo bestanden, unser Jahrhundert hätte vielleicht die Probleme doch anders lösen können. Fragen Sie sich auch am Sarg, was die beiden durchgemacht haben, um heiraten zu können. Sogar der Kardinal von Wien redete auf Sophie, eine treue Katholikin, ein, auf die Ehe zu verzichten, eine Kutsche wartete schon. Wie oft waren die beiden am Ende?

Vor der Beschreibung des Schlosses noch eine Anekdote: Graf Grundemann-Falkenberg, ehedem Präsident des gesamtösterreichischen Gemeindebundes, erzählte einmal von seinem einzigen Treffen mit Franz Ferdinand. Er, Grundemann, war im Belvedere eingeladen, um mit den Kindern zu spielen. Sophie war fast täglich dabei, und eines Tages ging die Türe auf, und der Thronfolger betrat das Spielzimmer. Darauf befragt, was er denn damals gefühlt hätte: „Ich habe mich so fürchterlich geschämt, weil ich nur ein Graf bin." Es war eben doch eine andere Welt, vor 1914.

Das **Renaissanceschloß** wurde zwischen 1560 und 1592 wahrscheinlich auf den Grundfesten einer mittelalterlichen Burg mit zwei Rundtürmen errichtet. 1691 wurde es zum vierflügeligen Bau ausgebaut, die barocke Schloßkapelle bis zum Schloß verlängert. Nach häufigem Besitzerwechsel erwarb es 1823 Kaiser Franz, seit 1890 stand es im Besitz des Thronfolgers. 18 Schauräume zeigen Erinnerungsgegenstände an Franz Ferdinand; herrlich ist der Schloßpark und das dortige Schloßcafé.

Das Schloß war Hauptdrehort der TV-Serie „Donauprinzessin".

Geöffnet sind die Schausammlungen von 1. April bis 2. November täglich von 9.00 bis 17.30 Uhr.

*Emmersdorf

230 m Seehöhe, Kirchenort, 1480 Einwohner

Emmersdorf liegt am Beginn der Wachau, deren Orte sich vor allem durch die Anordnung der engen Gassen, das harmonische Ortsbild und den Baustil, in dem sich Renaissance und Barock mischen, auszeichnen.

Links vom Radweg abbiegend, erreicht man den Ortsplatz mit zwei guten Hotels; rechts die im 16. Jh. errichtete und von den Franzosen 1809 zerstörte und wieder aufgebaute **Magdalenenkapelle**. Sie wird allerdings als Gotteshaus nicht mehr verwendet. Das sehenswerte Ortsensemble wird u. a. durch die Häuser Nummer 8 (spätbarock), ˉNummer 29 und 30 (Giebel) und die Nummer 34 (Terrakotta) erwähnenswert. Der Abstand zwischen den Häusern war eine Schutzmaßnahme vor Feuersbrünsten,

wurde aber auch zur Entsorgung verwendet. „Scheißgassl" nennt man so etwas. Die **Pfarrkirche** ist für den Radfahrer wegen der Steigung schwerer zu erreichen. Der Ausblick auf Melk und eine Kanzel aus dem 18. Jh. entschädigen dafür einigermaßen.

***Melk

209 m Seehöhe, Stadt, 6150 Einwohner

Melk, eine der wichtigsten Sehenswürdigkeiten Österreichs, ist vom Donauradweg am linken Ufer über die Donaubrücke oder besser über das Kraftwerk Melk zu erreichen.
Die Stadt wird von der mächtigen Klosterfassade der **Benediktinerabtei** beherrscht. Die Lage nahe der Mündung des Flusses Melk in die Donau gab den Namen; denn „Melk" leitet sich vom slawischen „Medilica" („Waldbach") ab. 1089 berief Leopold II. (ein Babenberger, das Vorgängergeschlecht der Habsburger in Österreich) die Benediktiner auf den schon vorher von Mönchen besiedelten Felsen.
Der Ort mit Platz und Fußgängerzone hat aber mit typisch Wachauer Orten nicht viel gemein. Bestenfalls die Anlage der Gasse am Fuße des Stiftsberges erinnert an die hier beginnende Wachau. Die **Kirche** im Ort wurde im 15. Jh. dreischiffig erbaut. Das Innere birgt keine Schätze, lediglich die Ölberggruppe an der äußeren Kirchenmauer ist erwähnenswert. Die Darstellung wurde um 1520 von einem Meister der Donauschule geschaffen.
Beim Spaziergang zum Kloster, über den Platz bis zur Stiege, die links auf den Berg hinauf führt, fällt der **Kolomanibrunnen** von 1687 auf. Nennenswert sind die Häuser des Apothekers (bemalte Fensterläden), das schmucklose Rathaus (Barockfassade) und das „Auge-Gottes-Haus" mit schönen Fresken. Doch halten Sie sich nicht zu lange im Ort auf, spazieren wir schnell ins Kloster. Die Führungen werden in der Saison je nach Bedarf, also laufend angeboten.
Das **Benediktinerstift Melk** wurde vom oberösterreichischen Lambach aus besiedelt. Bereits 1160 wurde eine Klosterschule erwähnt. Diese Schule war auch einer der Hauptgründe dafür, daß das Kloster in der Zeit der josephinischen Reformen weiterbestehen konnte. Melk ist heute eines der wenigen Klöster, die sowohl klösterliche als auch weltliche Aufgaben (z. B. Schulbetrieb) erfüllen.
Der Eingang mit Darstellungen der Heiligen Leopold und Koloman (beide sind Stiftspatrone) erinnert an die Wehrhaftigkeit der Anlage, die durch Glück und Geschick in der Barockzeit zu einem Prachtbauwerk ausgestaltet wurde. Der aus Irland stammende hl. Koloman wurde 1012 für einen Spion gehalten und unweit von hier ermordet. Da seine Leiche angeblich nicht verweste, wurde sie hierher überführt. Der hl. Leopold war Markgraf von Österreich, ein

◄ *An die 170 Jahre, bis 1995, gehörten sie zum Landschaftsbild der Donau, die Schaufelraddampfer. Mit dem Untergang der staatlichen DDSG wurde auch der personalintensive Betrieb dieser schönen Schiffe eingestellt.*

Babenberger, der 1136 verstarb. Leopold der Heilige, wie wir ihn aus dem Religionsunterricht kennen, war ein gläubiger Kämpfer für den Herrn und wurde 1485 heiliggesprochen.

Das heutige Aussehen erhielt das Kloster zwischen 1700 und 1730 unter Abt Dietmayer, Baumeister war der berühmte St. Pöltner Jakob Prandtauer. 1683 war das Jahr der zweiten erfolglosen Türkenbelagerung Wiens. Die Gefahr war gebannt, die Türken binnen weniger Jahre weit nach Osten vertrieben. Aus Dank an Gott und aus Freude über diesen Sieg wurde dieses herrliche Kloster errichtet.

Der **Prälatenhof** mit dem großartigen **Stiftsbrunnen**, der nach der Auflösung von Waldhausen hierher kam, bietet den Eindruck eines mächtigen Palastes. Durch den Torbogen links betritt man den langen Vorhof der Stiftskirche, zuvor ist jedoch linker Hand die mächtige **Kaisertreppe** zu bewundern, die auch im Rahmen der Führung besichtigt wird.

Zur **Stiftskirche**: Frei zu besichtigen ist nur eine kleine Nische beim Eingang. Zu sehen sind die prächtigen Fresken des Langhauses von Michael Rottmayr aus dem Jahre 1722; sie zeigen den Triumphweg des hl. Benedikt, den Begründer der Ordensgemeinschaft. Die Kanzel von Peter Widerin stellt den „Sturz des Unglaubens durch den Glauben" dar; die kapellenartig gestalteten Seitenaltäre sind (von links hinten) den Heiligen Nikolaus, Michael, den drei Königen, weiters den Heiligen Leopold, Johannes und Sebastian geweiht.

Im Rahmen der Führung sieht man auch die Koloman und Benedikt geweihten Querschiffaltäre und schließlich den **Hochaltar**, der seiner Form, Größenrelation, Farbengebung und Linienführung einmalig ist. Die Darstellung der Heiligen Petrus und Paulus behandelt das Thema „Streitende und triumphierende Kirche". Die Inschrift bedeutet: „Ohne rechtmäßigen Kampf gibt es keinen Sieg." Tatsächlich waren Petrus und Paulus unterschiedlicher Meinung: Petrus trat für die Beschränkung des Glaubens auf die Juden ein, Paulus war überzeugt, daß sich auch Heiden bekehren könnten. Paulus, der erst nach dem Tode Jesu statt des Verräters Judas Iskariot aufgenommen wurde, siegte. Das Kuppelfresko über ihm stammt von M. Rottmayr und zeigt den Himmel.

Hier zu wiederholen, was Sie im Rahmen einer Stiftsführung erfahren, wäre wenig sinnvoll. Hervorgehoben sollte nur die vollständige Herrschergalerie im Kaisergang werden, die von Maria Theresia und ihrem Franz Stephan beherrscht wird. Maria Theresia – die Kaiserin war laut Friedrich dem Großen von Preußen der einzige Mann am Wiener Hof – und Franz Stephan – der eigentliche Kaiser im Heiligen Römischen Reich Deutscher Nation – begründeten das Haus Habsburg-Lothringen und dessen inzwischen wieder zerronnenen Reichtum. Franz Stephan belieferte im Siebenjährigen Krieg beide kämpfende Armeen. Erst nach kräftigstem Protest der Kaiserin stellte Franz Stephan, der anscheinend seine Rolle als deutscher Kaiser besonders ernst nahm, den Nachschub für die feindlichen Armee ein.

Die **Kaiserzimmer** und der **Marmorsaal** mit Deckenfresko von Paul Troger (1731) sind wohl einzigartig in ihrer Qualität in Mitteleuropa. Die **Bibliothek** mit 85.000 Bänden und 2.000 Handschriften gehört zu den eindrucksvollsten ihrer Art.

Schließlich sei noch auf die **Schatzkammer** mit einem Tragaltar aus dem 11. Jh. und die Kolomani-Monstranz hingewiesen. Auch ein Teil des Kreuzes Christi in wertvoller Fassung ist zu sehen. Interessant ist die Geschichte, wie das Holz nach Melk kam. Vom Schottenkloster in Wien schwamm es – der Sage nach – donauaufwärts direkt vor die Füße des Abtes. Zum Schluß noch ein Hinweis auf auf die **Melker Sommerspiele** im Juli und August. Das Programm erhält man Monate vorher bei der Fremdenverkehrsstelle der Gemeinde.

Aggsbach-Markt

240 m Seehöhe, Marktgemeinde, 700 Einwohner

Bekannt ist Willendorf mit seiner „Venus"; Details lesen Sie auf Seite 51.

**Spitz

193 m Seehöhe, Marktgemeinde, 1900 Einwohner

Spitz ist der Hauptweinort der Wachau und hat bedeutende Sehenswürdigkeiten aufzuweisen; Details auf Seite 53.

*St. Michael

200 m Seehöhe, zur Gemeinde Weißenkirchen gehörend, Filialkirche

Strategisch günstig auf einem Felsvorsprung nahe der Donau befindet sich diese **Wehrkirche**, deren Turm als Burgfried um 1530 fertiggestellt wurde. Bereits 987 wurde die Kirche, ein vom Bistum Passau erbautes Gotteshaus, urkundlich genannt, dürfte dann mehrmals abgebrannt sein und war bis zum Ende des 15. Jh. das einzige Gotteshaus der Wachau. St. Michael war die Mutterpfarre für mehrere Weinbaudörfer, die eine Art Gemeinwesen bildeten, das den Namen „Wachau" trug. Gemeinden im heutigen Sinne gibt es flächendeckend erst seit 1848.
Das Innere ist schlicht, vielleicht ist St. Michael daher eine beliebte Heiratskirche. Bei einem Brand 1630 wurde leider ein Teil des Gewölbes zerstört. Deshalb bietet nur mehr der Chor mit seinem Netzrippengewölbe ein homogenes Bild. Der Hochaltar wurde 1690 für die Pfarrkirche von Stein gefertigt und 1748 hier aufgestellt. Die Heiligenfiguren stellen von links Antonius, Rochus, Sebastian und Johannes dar. Der linke Seitenaltar ist dem Schutzpatron vor Feuersbrunst, dem hl. Florian, geweiht. Das Altarbild stammt vom Kremser Schmidt; darüber der hl. Bartholomäus vom gleichen Künstler (1768). Die Kanzel stammt aus dem Jahr 1750; das dürfte wohl eine der letzten Investitionen in die Kirche gewesen sein. Wenig später, 1784, verlegte man die Pfarre nach Wösendorf, und das Gotteshaus verfiel.
Bevor man zum Karner geht, soll man noch einen genauen Blick auf das Kirchendach werfen: Dort sind „sieben Hasen" zu sehen. Das hat aber nichts damit zu tun, daß sich hier Fuchs und Hase gute Nacht sagen, sondern die Sage berichtet von einem

Dachdeckermeister namens Siebenhaas, der das Kirchendach fertigte und sich so ein Denkmal setzte.

Der **Karner** neben der Kirche ist ein wuchtiges Gebäude für diesen doch eher kleinen Friedhof. In diesem mit 1395 datierten Bauwerk befinden sich u. a. ein aus Totenschädeln zusammengesetzter Altar und josephinische Sparsärge. Dazu kurz der Hintergrund: 1780 bis 1790 regierte in Österreich der Habsburgerkaiser Joseph II. Er war auch deutscher Kaiser und Bruder Marie Antoinettes. Auf seinen Reisen nach Frankreich, die er als Graf von Falkenstein unternahm, erweckte er größte Bewunderung, u. a. wegen seines bescheidenen Lebenswandels. Er bezeichnete sich als „erster Diener des Staates" und initiierte quasi eine Revolution von oben; seine zahlreichen Reformen nahmen Forderungen der französischen Revolution vorweg. Zu diesen Reformen gehörten u. a. das Toleranzpatent (Glaubensfreiheit), die Aufhebung von Klöstern, die Öffnung von kaiserlichen Parkanlagen in Wien für die Öffentlichkeit, Sparsamkeit usw. Wallfahrten wurden verboten, Weihnachtskrippen durften nicht mehr aufgestellt werden – so entstanden im alpinen Bereich die Hauskrippen –, und um Holz zu sparen, durfte die Bestattung nur mehr in sogenannten Sparsärgen erfolgen. Nur die Leiche durfte ins Loch geschüttet werden, der Sarg mußte mehrmals verwendet werden.

Diese Maßnahmen waren wegen großer finanzieller Schwierigkeiten notwendig geworden, die sowohl Österreich als auch das Königreich Frankreich plagten. Seine Reformen brachten Josef II. in Streitposition mit Kirche – der Papst kam eigens aus Rom angereist, um ihn zu heilen – und Adel. Dies ließ ihn in den letzten Jahren vereinsamen und teilweise realitätsfremd werden. Seine Schwägerin Elisabeth, die schwanger war, mußte zum sterbenden Kaiser kommen, da er sie nochmals sehen wollte, und erlitt eine Frühgeburt, an der sie kurz darauf verschied. Allgemein wurden diese und andere Vorkommnisse als Gottes Strafe für seine Reformen angesehen. Sein Nachfolger machte übrigens einen Großteil der Reformen wieder rückgängig. Die Figur dieses Kaisers, der seiner Zeit weit voraus und einer der wenigen Habsburger war, die charismatisch in die Regierung eingriffen, ist ein Lieblingsthema von Geschichtsinteressierten, u. a. von Bruno Kreisky.

Weißenkirchen in der Wachau

206 m Seehöhe, Marktgemeinde, 1800 Einwohner

Weißenkirchen mit den Ortsteilen St. Michael, Wösendorf, Joching usw. ist eine der größten Gemeinden der Wachau. Details auf Seite 56.

***Dürnstein

207 m Seehöhe, 1032 Einwohner, Stadt

Dürnstein ist wohl der bekannteste Ort der Wachau; bereits vor mehr als 30 Jahren wußte man den Wert des schönen Ortsbildes zu schätzen und lenkte den Verkehr durch einen Tunnel am Ortszentrum vorbei.

Die **Festung Dürnstein** ist als Gefängnis für den englischen König Richard Löwenherz bekannt. Die Vorgeschichte: 1191 eroberte ein Kreuzfahrerheer die Festung Akkon am Nordende der Bucht von Haifa; die Österreicher unter Führung der Babenberger hißten die rot-weiß-rote Fahne, und wenig später ließ der englische König Richard Löwenherz sie wieder herunternehmen und durch die englische Fahne ersetzen. Angeblich soll er vor Wut die österreichische Fahne mit Füßen getreten haben. Noch im gleichen Jahr segelte der englische König zurück, sein Schiff wurde aber vom Kurs abgebracht und ging unter. Nur der König und ein Diener wurden gerettet. Auf dem Weg nach England kamen die beiden durch Österreich. Ein wertvoller Ring verriet Richard Löwenherz. Die Österreicher nahmen ihn gefangen und forderten ein hohes Lösegeld. So geschehen 1193.

Wahrscheinlich denken alle jetzt an Mrs. Thatcher; die hätte nicht gezahlt. Aber im England des Hochmittelalters sammelte man für den König und zahlte. Mit dem Geld wurde die Festung Wiener Neustadt errichtet, die im Zweiten Weltkrieg fast vollständig von britischen bzw. amerikanischen Bombern zerstört wurde.

Auf der Festung Dürnstein wurde Richard Löwenherz gefangen gehalten; es war die Festung des Ministerialgeschlechtes der Kuenringer, die auf den wertvollen Gast aufpaßten.

Von der Geschichte nun zu den Sehenswürdigkeiten:

Links vom **Kremser Tor** (in Fahrtrichtung Krems gesehen) führt ein steiler Weg in nur etwa 10 Gehminuten zur 1645 von den Schweden zerstörten **Ruine**. Der Blick ist herrlich, wohl einer der schönsten auf der gesamten Tour. Zu sehen sind Reste von Palas, Burgkapelle und Verteidigungsmauern. Auffallend sind die eigenartigen Gesteinsformationen, die dem Ort den Namen gaben. Im 17. Jh. kam die Herrschaft an die Zelkinger, die u. a. die Schallaburg besaßen und deren berühmtester Sproß, Christoph von Zelking, den Kefermarkter Altar schnitzen ließ. Diese Zelkinger errichteten auch das neue Schloß nahe dem Weißenkirchner Tor im Ort; es ist heute Schloßhotel.

Lohnenswert ist auch der Besuch des **Friedhofs**, der sich links vor dem Burgaufgang befindet. Der mächtige Karner aus dem 14. Jh. ist heute eine Heldengedächtniskapelle. Nördlich davon liegt die Festung der Ortskirche; der Westturm und ein Anbau mit Fresken sind noch gut erhalten.

Rechts – donauseitig – befindet sich das ehemalige **Klarissinnenkloster**, genauer die Ruine, daneben das Hotel Richard Löwenherz. Diese 1289 errichtete Anlage wurde unter Propst Hyronimus Übelbacher aufgelöst, die Kirche in einen Getreidespeicher umgewandelt. Erinnern Sie sich an die Karmeliterinnen von Mauthausen? Auch sie mußten abziehen, weil es der Propst von St. Florian so wollte.

Wiederum rechts von der Hauptstraße befindet sich das Gebäude des 1788 aufgelassenen **Augustiner-Chorherren-Klosters**, dessen Abt „HPZT" (Hyronimus Propst zu Türnstein) von 1710 bis 1740 die barocke Umgestaltung durchführte. Über dem Eingang sind „Wachsamkeit" und „Stärke" dargestellt, wohl die Grundpfeiler jeglichen Erfolges, und am Dachsims die drei wichtigsten Prinzipien des Christentums: „Liebe, Glaube und Hoffnung". Letzteres brachte der Kirche bekanntlich viele Feinde.

Zahleiche Ruinen liegen etwa eine halbe bis zwei Gehstunden vom Donauradweg entfernt, zumeist auf den Hügeln. Es erwarten Sie nicht nur altes Gemäuer, sondern auch herrliche Ausblicke; die Altvorderen wußten schon, wo es schön ist ...

Das Kircheninnere wirkt durch die Farben Weiß, Gold und Braun. Das Altarbild in der mittleren Seitenkapelle stammt vom Kremser Schmidt und stellt die Enthauptung der hl. Katharina dar. Die Gebeine des hl. Faustinus und des hl. Clemens sind hier bestattet. Erwähnenswert ist noch die Kanzel, ebenfalls mit „Liebe, Glaube und Hoffnung" verziert. Der Tabernakel ist eine drehbare Weltkugel, deren Inneres das Allerheiligste birgt. Eine derartige Darstellung ist relativ selten, da man doch damals annahm, im Inneren der Erde befände sich Luzifer. Gelegentlich bekannt gewordene Vulkanausbrüche bestätigten diese These.

S. Bussi schuf die schönen Stuckreliefs, die wichtige Kirchenfeste darstellen. Rechts hinten gelangt man – wie so oft in Klöstern – zum Kreuzgang, wo ein geschnitzter Weihnachtsaltar auffällt. Schließlich sei noch die Unterkirche erwähnt, in der der erwähnte Klarissinen-Auflöser Übelbacher seine letzte Ruhe fand.

Das Wahrzeichen der Wachau ist der bekannte Kirchturm dieses ehemaligen Augustiner-Chorherren-Klosters. Matthias Steindl stellte die hl. Gottesmutter, Christus und die Evangelisten dar. Seit der Renovierung trägt er das etwas grell anmutende Blau.

Die Besichtigung der Kirche ist nur im Rahmen einer der empfehlenswerten Führungen (9.00–18.00 Uhr, Anmeldungen erbeten) möglich. Es sei denn, Sie kommen zur Sonntagsmesse – dann ist der Eintritt frei!

Direkt an der Straße liegt das **Rathaus** mit seinem schönen Innenhof (1547) sowie das wegen seines Renaissanceportales bemerkenswerte Herrenhaus „Derer von Thurzo", heute die „Kuenringer-Taverne". In der Bäckerei Schmidt sind die Wachauer Laibchen erhältlich, deretwegen ich manchmal auch 30 und mehr Kilometer Umweg mache. Bestellungen von 50 Stück sind keine Seltenheit im Zeitalter der Gefriertruhen.

Besonders stimmungsvoll ist natürlich der Besuch eines Heurigen; ich habe aber bisher in Dürnstein nicht immer Glück gehabt. Manchmal war der Wein sauer, sprich trocken. Manchmal das Essen dürftig. Aber ich habe dort auch schon Heurigenabende erlebt, die zu meinen schönsten gehörten. Ein hervorragender Roséwein, einen französischen Salat usw. Kurzum perfekt! Probieren geht über Studieren!

Weiters ist ein Spaziergang zum Kellerschlößl der Freien Winzer Wachau, also der ehemaligen Winzereigenossenschaft Wachau, das auch Propst Übelbacher errichten ließ, empfehlenswert. Eine Führung durch die Kellereien ist ein großartiges Erlebnis! Diese großen Gewölbe bieten die gleichmäßige Temperatur von 10 Grad Celsius, im Sommer wie im Winter. Gleichmäßige Lagertemperatur ist bekanntlich die Basis für jede dauerhafte Lagerung. Das 1714 von Prandtauer erbaute Schlößchen ist stimmungsvoller Rahmen für die dienstags und donnerstags um 16.00 Uhr abgehaltenen Weinproben.

Loiben
192 m Seehöhe

Details über die getrennt verwalteten Orte Ober- und Unterloiben lesen Sie auf Seite 60.

**Krems

202 m Seehöhe, Stadt mit eigenem Statut, 23.100 Einwohner

Die Gemeinde mit eigenem Statut (= dem Land unmittelbar unterstellt) umfaßt die bis 1939 eigenständige Stadt Stein, den Verbindungsort Und sowie schließlich die 995 als „Cheremsia" bezeichnete Stadt Krems, die 1130 bereits der bedeutendere Ort war. Der Kremser Pfennig wurde hier geprägt.

Dem Radtouristen wird die Stadt mit dem hektischen Treiben vielleicht nicht so einladend erscheinen wie die Urlaubsorte der Wachau; trotzdem ist Krems voller schöner Sehenswürdigkeiten, die es zu besichtigen lohnt.

Zunächst ein kurzer **geschichtlicher Überblick**: 1305 erhielt Krems das Stadtrecht (knapp 100 Jahre nach der ältesten Stadt Österreichs, Enns). Im 17. Jh. war Krems Hochburg der Protestanten, erst allmählich brach die Gegenreformation den Willen der Bürger, die vornehmlich vom Handel lebten. 1645 stürmten die Schweden die Stadt, anschließend war Krems von den Türken bedroht. 1805 und 1809 wurde es von Napoleon eingenommen. Von 1945 bis 1955 war Krems russische Besatzungszone. Am Ende der 50er Jahre begann allmählich der Aufbau einer Industrie.

Als Radfahrer betreten Sie **Stein** über die Einbahn **Steiner Landstraße**, die gegen Ihre Fahrtrichtung ausgeschildert ist und parallel zur Donau verläuft. Dieser Straßenzug ist an sich sehenswert, so daß Sie das Rad am besten stehen lassen und zu Fuß weitermarschieren. Da fällt zunächst das Haus Nr. 122 auf, das Wohnhaus des Malers Kremser Schmidt, der seit dem Geburtsjahr Mozarts (1756) hier lebte und eine große Werkstatt unterhielt. Weiters bemerkenswert das Haus Nr. 92, die „Grüne Burg", mit interessanten Erkern. Ein erster Höhepunkt ist das Haus Nr. 84, das kaiserliche Mauthaus mit auf Säulen gestelltem Flacherker. Gegenüber sei das Mazettihaus beachtet, in dem Ludwig Ritter von Köchel geboren wurde. Das nach ihm benannte Verzeichnis – das „Knöchelverzeichnis", wie Kinder gerne sagen – numeriert die zahlreichen Werke Mozarts. Sodann sei auf zwei Gebäude verwiesen, die der Kirche gehören: der Pfarrhof mit dem reichen Rokokostuck (1745), die Figuren im ersten Stock stellen die 4 Evangelisten sowie die Apostel Petrus und Paulus dar. Der Passauer Stiftshof hat nicht so eine spektakuläre Fassade, dahinter verbergen sich aber drei Gebäude (Hausnummer 76).

Man gelangt dann in die parallel verlaufende Kellergasse, biegt rechts ein und erreicht so die **Minoritenkirche**; sie wurde im 13. Jh. errichtet und dient heute auch für Kunstausstellungen. Sie wurde in der Übergangszeit von Romantik zur Gotik gebaut, das Kloster unter Joseph II. aufgelöst.

Bei der nächsten Kreuzung geht man wieder rechts und gelangt so zum noch erhaltenen Kremser Tor, dem Ende der Stadt Stein. Vorbei an einer wenig bedeutenden Kirche und unter der Bahn durch erreicht man das ehemalige Kapuzinerkloster **Und**, das in letzter Zeit durch seine Vinothek Ruhm erlangt hat. Im Keller können zu einem Pauschalbetrag 200 Weinsorten verkostet werden; und das bei unbegrenzter Menge! So billig gibt's selten einen Rausch! Sie gehen vor dem Besäufnis aber noch an der Tourist-Information vorbei, wo man Sie gerne weiter berät. Wenn Sie sich beim Stadtpark schräg links halten, kommen Sie zum Tor der Stadt Krems, zum **Steiner Tor**. 1480 wurde das Tor errichtet, es trägt die Initialen AEIOU. Die Mystik Kaiser Friedrichs III. kennen Sie von Linz und vom Sarg des Herzogs Max in Artstetten.

Bei der nächsten Kreuzung biegen Sie links ab, beim Kornmarkt dann rechts; so erreichen Sie die ehemalige **Dominikanerkirche** am Dominikanerplatz. Der dreischiffige Bau wurde um 1260 errichtet, der Chor 70 Jahre später angebaut. Schon im 17. Jh. war dem Kloster der totale Niedergang beschieden gewesen; unter Joseph II. folgte die Auflösung, und bis 1959 war gar ein Kino im Chor untergebracht. Heute ist das Historische Museum der Stadt Krems dort eingerichtet, dessen äußerst interessante Sammlung Sie sich auch dann ansehen sollten, wenn Sie nicht unbedingt ein Museumsfreak sind: Im Chorraum der renovierten Kirche sind Schaustücke aus dem Mittelalter, im Langhaus werden barocke Plastiken präsentiert, und im linken Seitenschiff regiert der Kremser Schmidt. Im Kreuzgang sind Fundstücke aus der Zeit des Altertums und der Völkerwanderung ausgestellt, und im Nordflügel ist ein Weinbaumuseum untergebracht, darunter auch die „Sieben Hasen" von St. Michael.

Bei der nächsten Kreuzung setzt man den Rundgang linker Hand fort und kommt so zum Pfarrplatz; rechts die **Pfarrkirche**. Bereits 1153 soll hier eine St.-Veits-Kirche gestanden haben, die 1630 von den bedeutendsten Künstlern der damaligen Zeit wie Maulpertsch, Kremser und Wiener Schmidt als Barockkirche umgestaltet wurde; Kanzel und Hochaltar sind Meisterwerke von Josef Matthias Götz.

Über die 75-Stufen-Stiege erreichen Sie die **Piaristenkirche**, die Sie in jedem Fall besichtigen sollten. Schon im Jahr 1014 wurde von einer St.-Stephans-Kirche, die an dieser Stelle existiert haben soll, berichtet. Die Beleuchtung des gotischen Kirchenraumes erfolgt von rechts, also von der Seite des Pfarrplatzes. Die Raumwirkung der zwischen 1450 (Chor) und 1500 (Hauptschiff) vollendeten Kirche ist kolossal. Beachtenswert sind die 1709 geschnitzten Kirchenbänke und die stattliche Anzahl von Beichtstühlen. Der Rokokoaltar stammt aus dem Jahr 1756, das Altarblatt des Kremser Schmidt zeigt „Mariä Himmelfahrt"; über der Orgel die Darstellung der hl. Cäcilie, der Patronin der Kirchenmusik.

Den Weg setzt man in der Piaristengasse fort und geht bis zur nächsten Kreuzung und dann rechts zum Hohen Markt mit der **Gozzo-Burg**, einem Palazzo des Kremser Stadtrichters Gozzo aus dem 13. Jh. In diesem Hause befand sich die Münzstätte des Kremser Pfennig. Besonders das Portal und die dahinter liegende Spindeltreppe sind beachtenswert, ebenso der zweigeschossige Arkadenhof. Eine interessante Mineraliensammlung ist in diesem italienisch anmutenden Palazzo untergebracht.

Zurück zum Fahrrad marschiert man nun die ca. 3 km (also hin und retour 6 km) die Richtung beibehaltend auf der Oberen Landstraße und der Kasernstraße zur Steiner Landstraße. Wählen Sie für Ihren Spaziergang nicht die stark befahrene Ringstraße, die Ihnen vielleicht wegen des Namens (in Wien ist die „Ringstraße" ja durchaus sehenswert) interessant erscheinen könnte.

So kommen Sie zur unwiderruflich letzten Kirche, der **Bürgerspitalskapelle**, die von der Fassade her kaum auffällt. Sie wurde 1470 erbaut und verdient auch durch das im gleichen Jahr entstandene gotische Sakramentshäuschen mit Eisentürmchen Beachtung.

Wenn Sie nur Krems besichtigen wollen, können Sie Ihr Rad auch am Bahnhofsvorplatz oder am Dreifaltigkeitsplatz abstellen.

*Mautern

195 m Seehöhe, Stadt, 2880 Einwohner

„Mautern" war der alte deutsche Name für „Zöllner". In der neueren Geschichte war Mautern wegen seiner günstigen Überfuhrmöglichkeit nach Stein bzw. Krems von Bedeutung; hier wurde Zoll kassiert. Die 1463 errichtete Holzbrücke beweist die rege Handels- und Transporttätigkeit. 1895 entstand statt dieses Brückchens die nunmehrige Eisenkonstruktion, erst später folgte die stromabwärts gelegene Straßen- und Eisenbahnbrücke.

Bedeutend war Mautern aber bereits zur Zeit der Römer; „Favianis" nannten die alten Lateiner den Ort und bauten ein Lager für etwa 500 Krieger, dessen Türme noch fast original zu sehen sind (zumindest was die Westseite anbelangt). Das **Römermuseum** (leider nur samstags, sonntags und feiertags geöffnet) in der Margarethenkapelle informiert genauer.

Im 5. Jh. lebte hier der hl. Severin (= lat. für streng); er segnete Odoaker vor dessen Zug gegen Rom.

Das Gebiet war bis 1710 passauisch, deshalb ist die Pfarrkirche auch dem hl. Stephan geweiht. Die Taufkapelle stammt aus der Zeit um 1400, der Chor wurde wenig später errichtet. Das Langhaus wurde wie der große Teil der restlichen Kirche im 17. Jh. barockisiert, Carlo Antonio Carlone war der Baumeister. Im Inneren beachten Sie bitte besonders die Kreuzweg-Bilder des Kremser Schmidt, die zu den Hauptwerken des Künstlers gehören und um 1770 entstanden sind. Sein Vater ist in der Kirche begraben, das Grabmal entwarf der Bildhauer selbst.

Wenn Sie nun weiter zum Schloß gehen, das bis 1710 im Besitz der Passauer Bischöfe stand, fällt Ihnen vor dem Schloß sofort die riesige Weinpresse (1597) auf. Heute weiß man, daß zuviel ausgepreßte Maische (Zwischenprodukt zwischen Rebe und Wein) besonders bei blauen Trauben zu unliebsamen Geschmacksveränderungen führen kann. Soviel Kraft hatte man damals aber samt dieser Presse gar nicht.

Einige **Bürgerhäuser** im Zentrum seien erwähnt: das Schulhaus; das Haus Kirchengasse 12 mit Blendbogengiebel und barocker Fassade aus dem 18. Jh.; das Göttweiger Eckhaus ist wegen der am Dachfirst spazierenden Hennen und der Schießscharte im Obergeschoß beachtenswert. Die Margarethenkapelle beheimatet das Römermuseum; und in der Nikolaigasse befindet sich Lesehof des Stiftes St. Nikola in Passau (bis zur Säkularisation 1803 in dessen Besitz).

**Stift Göttweig

449 m Seehöhe, Gemeinde Furth, 5,5 km von Mautern

Die meisten Radfahrer sehen das Stift nur von weitem, obwohl es zu den schönsten Sakralbauwerken Mitteleuropas gehört. Dehio,

Polyglott, Knaur – alle geben Göttweig die höchsten Noten. Nehmen Sie sich die Zeit, dieses Kleinod zu besichtigen! Der Höhenunterschied zu Mautern beträgt 250 m, die Entfernung nur 5,5 km, die schaffen Sie inkl. Schiebestrecke leicht in ca. 40 Minuten.

Bischof Altmann von Passau berief 1083 zunächst die Augustiner Chorherren nach Göttweig. Altmann hatte bei einem Investiturstreit seine Bischofswürde verloren und widmete sich daher ganz besonders dem Aufbau des Klosters. Nach seinem Tod (1091) berief man 1094 die Benediktiner aus St. Blasien im Schwarzwald hierher. 1557 wurde ein Nonnenkloster angeschlossen. In der Zeit der ersten Türkenbelagerung Wiens war das Kloster umlagert, sogar der Abt mußte die Lanze gegen die Ungläubigen erheben; glücklicherweise konnten die Janischaren den Hort der Christen nicht einnehmen. Es wäre für alle das Todesurteil gewesen. Umso größer war die Freude nach 1683: Die Türken wurden zurückgedrängt. Nach einem Brand beauftragte Abt Gottfried Bessel (1714–1749) Johann Lucas von Hildebrandt im Jahr 1718 mit der Planung eines Neubaus, die dieser in acht Monaten abschloß.

In der Barockzeit war Statik allerdings Erfahrungssache; allzuviele Gebäude wurden erst einmal gebaut, und wenn dann nach Fertigstellung des Gewölbes der Seitendruck zu stark war, brach das Ganze eben wieder ein, und man wußte, daß die Fundamente tiefer und dicker sein mußten. Dies gilt natürlich nur für kleinere Gesellenstücke!

Einen Plan des Baus, wie er ursprünglich konzipiert war, sehen Sie beim Klosterrundgang im Fürstengang; es konnte aber nur ein Teil realisiert werden, was dem aufmerksamen Besucher sofort auffällt, wenn er das Stift durch die Reste der ehemaligen Klosterburg betritt.

Über den offenen Stiftshof kommt man zuerst vorbei am Obelisk zur mächtigen **Klosterkirche**, deren Türme unvollständig wirken: die Helme fehlen. Imposant sind jedoch die vier wuchtigen toskanischen Säulen, die den Balkon tragen, dessen Balustrade mit Steinvasen verziert ist.

Nun zum Kircheninneren:

Durch die Krypta unter dem Chor liegt der gotische Chorraum wesentlich höher als das frühbarocke **Langhaus**, das damit nicht nur baustilmäßig, sondern auch optisch getrennt ist. Der behäbige Knorpelstuck im Langhaus wurde 1642 fertiggestellt, die Fresken von J. Grabenberger sind flächenmäßig klein gehalten. Die Grundfarben der Kirche sind rosa und hellblau, was allzugroßen Schwermut verhindert. Kanzel und Hochaltar stammen von Hermann Schmidt aus Eschen, wobei die Kanzel die Vier Evangelisten und der Hochaltar – wie in Melk – die Apostel Peter und Paul darstellen. Das Altarbild „Mariä Himmelfahrt" stammt von Johann Andreas Wolff aus München, der es 1694 vollendete. Das Chorgestühl (1776) des örtlichen Künstlers Franz Staudinger kann seinen provinziellen Hintergrund nicht leugnen.

Bemerkenswert sind die acht **Seitenkapellen**, die Altarbilder und Fresken der jeweils gegenüberliegenden Kapellen bilden thematische Themenkreise; hier kurz die Aufzählung, von links hinten beginnend: hl. Georg, Erzengel, Kreuzigung, Dreifaltigkeit; Altmann, Benediktikapelle, Apostel und Magdalena. Sehenswert ist auch die **Krypta** mit einem Steinsarg und einer überlebensgroßen Figur des Bischofs sowie Silberschmiedearbeit aus Augsburg (1689).

Die Besichtigung führt Sie nun in Räume, die nur bei einer Führung zu sehen sind: Erwähnenswert ist die **Kaiserstiege**, deren Größe der Leichtigkeit und Zierlichkeit dieser Architektur zu widersprechen scheint; das mächtige Deckenfresko von Paul Troger (1739) zählt zu den bedeutendsten Werken Österreichs und stellt den „Kampf des Lichtes mit der Finsternis" dar, wobei die damals regierenden Habsburger (Karl VI. und die in den Startlöchern ihrer Amtszeit stehende Maria Theresia) die Gesichtszüge der Hauptpersonen bestimmen. Der **Altmanni-Saal** mit seinem prächtigen Balkon, die vier **Kaiserzimmer** mit Bandelwerk-Stuck, das **Benediktinerzimmer** mit Wasserkabinett, die **Schatzkammer** sowie die Fürstenzimmer bieten Barockarchitektur in höchster Vollendung. Die **Graphiksammlung** des Klosters umfaßt 21.000 Blätter.

Führungen sind täglich zwischen 9.00 und 11.30 Uhr sowie zwischen 14.00 und 17.30 Uhr möglich.

Rossatz

210 m Seehöhe, Ortsgemeinde, 1200 Einwohner

Der schöne Ortsplatz mit einem Pranger aus dem 17. Jh. sowie das **Renaissanceschloß Schönborn**, das jetzt der 1859 gegründeten Agrargemeinschaft gehört, sowie die im Kern gotische Kirche bestimmen das typisch Wachauer Ortsbild. Die Orte am rechten Donauufer sind generell ruhiger; wie Sie sehen werden, ist der Radweg auch nicht so schön; dafür der Wein umso besser. Hier muß man sich mehr anstrengen, um sein Produkt an den Mann zu bringen!

Stromaufwärts schließt Schwemmland an, das zum Wandern und Radfahren gut geeignet ist. Der Blick auf Dürnstein, mit dem man durch eine kleine Fähre nur für Fußgänger und Radfahrer verbunden ist, wurde auf vielen Kalendern und Ansichtskarten abgebildet. So kann die Rückfahrt ans linke Ufer mit dem Schiff auch von Rossatz kombiniert werden. Die nächste Überfuhrmöglichkeit ist aber bereits in St. Lorenz bzw. Rührsdorf.

**Klosterneuburg

192 m Seehöhe, Stadt, 22.000 Einwohner

Im Grunde ist der Ort auf einem Abhang vor der Bundeshauptstadt, der bereits vor mehr als 3000 Jahren besiedelt wurde, ein Teil Wiens. Das beherrschende **Augustiner-Chorherren-Kloster** lohnt es, die kurze Strecke vom Donauradweg hinaufzuradeln und über den einsam wirkenden Platz mit seinen vergleichsweise einfachen Häusern zum Stiftseingang zu fahren. Links befinden sich die Kasse, ein Restaurant bzw. der Stiftsweinverkauf. (Um den Weinbau kümmert sich übrigens ein einziger tüchtiger Kellermeister, vor 30 Jahren waren die meisten Weinberge noch verpachtet.)

1106 verlegte der Babenberger Leopold III. (der Heilige) seine Hofhaltung nach Neuburg (Niwenburg). In diesem Jahr wurde auch das Kloster gestiftet, aber erst ab 1113 legte der heiliggesprochene

Markgraf mit größeren Schenkungen die finanzielle Basis für die heutigen Ausmaße. 1114 erfolgte die Grundsteinlegung für die damals größte und wohl auch prächtigste Kirche des Landes, die 1136 als dreischiffige Basilika eingeweiht werden konnte; eine Rekordbauzeit für die gewaltigen Ausmaße der Kirche!

Der Bau einer gewaltigen Kirche reicht also als Grund für eine Heiligsprechung? Nun, fragen Sie die Führerin nach dem Grund der Heiligsprechung Leopolds III. von Österreich. Meist bekommen Sie ein Achselzucken als Antwort. Der nahe der Kirche in einem kostbaren Silberschrein bestattete Fürst sollte als Nationalheiliger eine einigende Bedeutung ähnlich der der heiligen Könige Ludwig von Frankreich oder Stephan von Ungarn erlangen. Österreich war zur Zeit der Heiligsprechung 1485 – und noch mehr 1358, als man diese begehrte – ein zusammengewürfelter Haufen, ein „Nationalheiliger" konnte dem Hause Österreich – und das waren damals die Habsburger – nur nützen.

Der Hauptgönner Klosterneuburgs war aber Karl VI., eine zentrale Figur der österreichischen Geschichte. Er gehörte der österreichischen Linie der Habsburger an, die wegen der totalen Degeneration der spanischen Linie – Karl II. war der einsame Höhepunkt, seine Schädelknochen blieben bis ins dritte Lebensjahrzehnt weich – 1703 die spanische Königswürde annehmen mußte.

1711 war aber auch die österreichische Linie männlicherseits erloschen. Um ein Auseinanderfallen der Monarchie zu verhindern, übersiedelte Karl IV. nach Wien. Hier hatte der Vater Maria Theresias den Wunsch, ein dem Escorial ähnliches Bauwerk, ein Symbol weltlicher und geistlicher Macht, zu errichten. Seine Wahl fiel auf Klosterneuburg. Mangels Geld konnte dieses gigantische Projekt mit neun Kuppeln nur zum Teil (und dies auch erst 1836 – 1842) fertiggestellt werden. Dies fällt auf, wenn man über den Stiftshof mit seiner 1381 von Michael Tutz errichteten Lichtsäule geht.

Die Stiftsführung zeigt Ihnen zuerst die **Kirche**; sie wurde ab 1634 umgebaut, also etwa 50 Jahre, bevor die allgemeine Bautätigkeit des Barock nach der Türkenbelagerung von 1683 begann. Hier war es die Freude über die siegreiche Gegenreformation, die zum Geldsegen führte: Die Protestanten waren wieder katholisch geworden.

Über dem Eingang fällt zunächst die von Anton Bruckner besonders gelobte Festorgel des Passauers Johann Freundt auf. Der schwere Stuck von Domenico Piazzoll zeigt von Engeln getragene Fruchtkränze, groteske Masken und Kartuschen; dazwischen die schönen Fresken von Georg Greiner.1723 –1730 konnte man dann schon mit der Hilfe Karls VI. rechnen und vollendete den Altarraum in stilistisch ausgereifter Form mit den Künstlern S. Bussi (Stuck) und J. M. Rottmayr und Gaetano Fanti (Malerei).

Der wahre Schatz Klosterneuburgs befindet sich aber im nahen **Kapitelsaal**. Es sind drei bedeutende Werke: der Verduner Altar, der siebenarmige Leuchter, im frühen 12. Jh. in Verona gefertigt, und die Fenster.

Der **Verduner Altar** gilt als das Hauptwerk mittelalterlicher Emailkunst in Europa. Seine 51 kleinformatigen Täfelchen stellen das Heilsgeschehen des Neuen Testaments den alttestamentari-

schen Vorbildern gegenüber. Meister Nikolaus von Verdun hat sie 1181 als Verkleidung einer Kanzelbrüstung angefertigt. 1331 wurden diese Täfelchen zu einem Flügelaltar neu zusammengefügt. Die Führung zeigt Ihnen auch das prächtige **Brunnenhaus** mit Maßwerkportal.

Nach einem ausgedehnten Spaziergang über den Stiftshof gelangen Sie nun zu den barocken Prachtbauten des österreichischen Escorial. Die **Kaiserstiege** bzw. das Treppenhaus sind in ihrer Wucht unübertroffen. Der Raum trägt die Züge von Fischer von Erlach, wenngleich auch Donato Felice D'Allio den Entwurf lieferte. Fischer von Erlach war kaiserlicher Hofbaumeister, und Beamte konnten sich in Österreich durch Zähigkeit und Ausdauer schon immer durchsetzen.

Nächster Schauplatz der Gigantomanie ohne entsprechende Geldmittel ist der **Marmorsaal**, dessen Kuppel ein Fresko von Daniel Gran (1749) zeigt; es stellt eine Allegorie auf den Ruhm des Hauses Österreich dar.

Es folgt eine kleine Flucht von Zimmern und Repräsentationsräumen, die eine schöne Aussicht auf Wien freigeben.

Nicht erwähnt wurde bisher der österreichische **Erzherzogshut**, der in der Schatzkammer zu sehen ist. Er wurde erst kürzlich, nämlich im März 1989, das letzte Mal eingesetzt, als die Leiche der letzten Kaiserin Österreichs, Zita, aufgebahrt und in der Kaisergruft bestattet wurde.

Von 1938 bis 1945 war Klosterneuburg ein Teil der Stadt Wien.

***Wien
171 m Seehöhe, 1.539.000 Einwohner

Das neunte österreichische Bundesland ist juristisch gesehen das jüngste. Das Burgenland fiel zwar erst zu Beginn der 20er Jahre durch Volksabstimmung an Österreich, Wien aber war bis 1922 Teil des Bundeslandes Niederösterreich; erst seit 1924 ist es ein eigenes Bundesland.

Die Teilung in „das rote Wien" (das heißt SPÖ-dominiert) und „das schwarze Niederösterreich" (ÖVP bzw. christlich-sozial dominiert) ist eine oberflächliche Begründung. Dr. Karl Lueger, populärer Bürgermeister von Wien und Vertreter eines sogenannten humanen Antisemitismus („Wer a Jud is, bestimm ich"), wurde mehrmals die Ernennung zum Bürgermeister verweigert, obwohl er mit großer Mehrheit gewählt worden war; das sollte nicht noch einmal passieren. Wien wollte Gemeinde und Land in einem sein. Mit 415 Quadratkilometern ist Wien zwar das kleinste österreichische Bundesland, aber trotzdem das wirtschaftliche, kulturelle und auch religiöse Zentrum Österreich (was natürlich in den westlichen Bundesländern bestritten wird).

◄— *Wien ist die europäische Hauptstadt der klassischen Musik. Die Wiener Philharmoniker zählen zu den besten Klangkörpern der Welt. Aber auch das hier abgebildete Brucknerorchester aus Linz hat einen internationalen Rang im Bereich der Brucknerpflege.*

Die neugotische Votivkirche wurde als Dank für ein heil überstandenes Attentat auf Kaiser Franz Josef erbaut. Unweit der Kirche – im Jonas-Reindl – beginnt eine Straßenbahnlinie ins friedliche Grinzing zum Heurigen.

Das römische Vindobona erblühte u. a. wegen der günstigen Lage am Schnittpunkt zweier Verkehrsadern: Hier kreuzen einander die Bernsteinstraße von der Ostsee zur Adria (ohne beschwerende Alpenpässe) und die Donau. Innerhalb von Österreich liegt Wien im östlichsten Eck (Bregenz ist per Luftlinie von Wien weiter entfernt als von Paris). Metternich meinte: „Auf der Landstraße (einer großen Ausfallsstraße nach Osten) beginnt Asien." In manchen westlichen Bundesländern meint man, Wien gehöre bereits zum Balkan. Dies macht seit Jahrhunderten den Reiz aus: Wien und seine Bewohner („das goldene Wiener Herz") sind die Attraktion, nicht nur die Sehenswürdigkeiten.

Die Stadt ist in 23 Bezirke unterteilt, wobei jedem Bezirk eine gewählte Vertretung (Bezirksvorsteher) mit einem magistratischen Bezirksamt vorsteht. Die Verwaltung ist aber zentralistisch. Wien ist Sitz sämtlicher Zentralstellen Österreichs, das Kulturleben wird von den Bundestheatern, den Musicalbühnen, den bedeutenden Museen sowie den Universitäten geprägt.

Aus der historischen Entwicklung als Haupt- und Residenzstadt der Habsburger, die zumeist in der Hofburg residierten, erklärt sich das heute ringförmig angeordnete Stadtbild mit dem alten Zentrum, dem 1. Bezirk „Innere Stadt". Dieser ehemals von der Stadtmauer umgebene Bezirk ist seit dem Schleifen der Stadtmauern in der Mitte des vorigen Jahrhunderts von einer Prachtstraße, der Ringstraße, eingekreist. Die daran anschließenden Bezirke 3 bis 9 bilden jenen Teil von Wien, der vor dem Ringstraßenbau das Glacis war. Dieses Glacis war für die Strategen der damaligen Zeit von großer Bedeutung. Die Fläche unmittelbar vor einer Befestigungsanlage (auch vor Burgen) wurde von Bewuchs oder Bebauung frei gehalten, man mußte schließlich auf die Feinde schießen können. Mit dem Bau der Ringstraße wurde dieses Glacis mit Bürger- und Mietshäusern und Adelspalästen verbaut. Daran anschließend befindet sich eine der wichtigste Verkehrsader Wiens, der Gürtel. Außerhalb des Gürtels liegen die äußeren Bezirke 10 bis 23. Schönbrunn, der 15. Bezirk, ist zum Beispiel ein äußerer Bezirk. Die Verbindung in die Stadt ist nicht die beste, daher war der U-Bahnbau um so wichtiger.

1938 wurde durch die Eingemeindung von 97 Umlandgemeinden eine Art Groß-Wien geschaffen, was aber bereits 1954 wieder zum größten Teil rückgängig gemacht wurde, nur der 22. und 23. Bezirk bestehen aus solchen Gemeinden. Die Folge ist, daß Umland-gemeinden wie Mödling, die Südstadt usw. zwar in Niederösterreich liegen, aber de facto zu Wien gehören.

Die Lage an der Donau ist keinesfalls mit der Lage von Paris oder London zu vergleichen. Die Donau mit ihren vielen Nebenarmen stellte oft eine Gefahr für die Stadt dar. Der Kahlenberg im Westen von Wien wurde aber auch nicht ins Stadtgebiet miteinbezogen, da die Hügel relativ wenig Vorteile boten. Wien liegt also in gehörigem Abstand zum Nibelungenstrom. Entstanden sind große Anlagen, die Hochwasserschäden vermeiden sollen, zum Beispiel die „Neue Donau", eine Art parallel zur Donau verlaufendes Gewässer, das im Fall der Fälle als Entlastungsgerinne fungiert. Schon vor mehr als einhundert Jahren hat man durch die Schaffung des Donaukanals, der bis wenige hundert Meter an den Stephansdom heranreicht, versucht, die Hochwassergefahr zu bannen. Hochwasser-

schutzgebiete wie die Donauauen, der Prater oder die Lobau wurden als Erholungsflächen angelegt. Noch vor etwa 35 Jahren setzte man diese Tradition durch die Anlage des Donauparkes mit dem 250 m hohen Donauturm fort; die letzte dieser Maßnahmen war die Schaffung der Donauinsel zwischen dem Hauptstrom und dem Entlastungsgerinne.

Wien gilt als Hauptstadt der Musik in Europa, natürlich der klassischen Musik. Tatsächlich waren es fünf Männer, die die Musik zu bis dahin nicht gekannten Höhen führten: Gluck, den Marie Antoinette in Paris protegierte, der aber in Wien verwurzelt war; Haydn, der mit dem nahen Eisenstadt verbunden war, dessen Schaffen ohne den Wiener Kreis jedoch undenkbar gewesen wäre; der gebürtige Salzburger Mozart, der aber wie keiner vor ihm in Wien tätig war, und schließlich Beethoven und Schubert. Man kann diese Rolle Wiens auch damit erklären, daß die Stadt die Hauptstadt des deutschsprachigen Raumes war. Tatsache ist aber, daß Paris weit mehr an Mäzenatentum hervorbrachte als Wien. Es ist wohl die Mischung, hier am Tor zum Balkan. Kaum hundert Jahre später waren es Bruckner, Brahms, Hugo Wolf und natürlich die Walzerkomponisten von Lanner bis Strauß und Lehar. Wahrscheinlich stammt auch das Musical in Wirklichkeit aus Wien: Frederick Loewe, 1904 in Wien geborener Sohn eines Operettentenors, schuf mit „My Fair Lady" ein Werk, das das Musical von 1956 an bis in die frühen 70er Jahre beeinflußte.

Geschichte
Ein kurzer geschichtlicher Abriß soll nur die Meilensteine andeuten: Veneto-Illyrer waren die ersten Siedler. Am Ende des 1. Jh. n. Chr. wurde ein römisches Militärlager errichtet, Marc Aurel verstarb hier 180 n. Chr. Eindringlinge aus dem asiatischen Raum griffen Wien, das Bollwerk des europäischen Abendlandes, immer wieder an, manchmal auch mit Erfolg, wie die Awaren, die zur Zeit der Völkerwanderung gegen Westen drängten. Die Magyaren wurden 955 am Lechfeld bei Augsburg besiegt und erhielten die ungarische Tiefebene östlich von Wien zur Besiedelung zugewiesen – wohl, um weitere Eindringlinge zu schwächen. Und die kamen prompt: Die Türken belagerten Wien zweimal vergeblich, 1529 und 1683; in diesem Jahr wurde die Stadt mit Hilfe des Polenkönigs buchstäblich in letzter Minuten befreit; die Stadtmauern senkten sich bereits. Geblieben ist das Wiener Kaffeehaus.

Heinrich II. Jasomirgott (1141–1177) machte Wien zur Residenz des Herzogtums Österreich. Leopold VI. (1198–1230) vergrößerte die Stadt bis zur Ringstraße. 1365 erfolgte die Gründung der Universität, Rudolf IV. leistete sich weiters einen gigantischen Umbau der Stephanskirche; 1469 wurde Wien Bistum. Nach Bannung der Türkengefahr entstanden zahlreiche Prachtbauten. Im Jahr 1754 zählte Wien 175.000 Einwohner, also wesentlich weniger als Paris. 1814/15 tanzte in Wien der Kongreß, unter Metternich erstarkte im Biedermeier das Bürgertum. 1848 war Wien

← *Die Skyline von Wien mit dem alles überragenden Stephansdom. Das hohe Kirchendach läßt schon von außen erkennen, daß es sich um eine Hallenkirche handelt.*

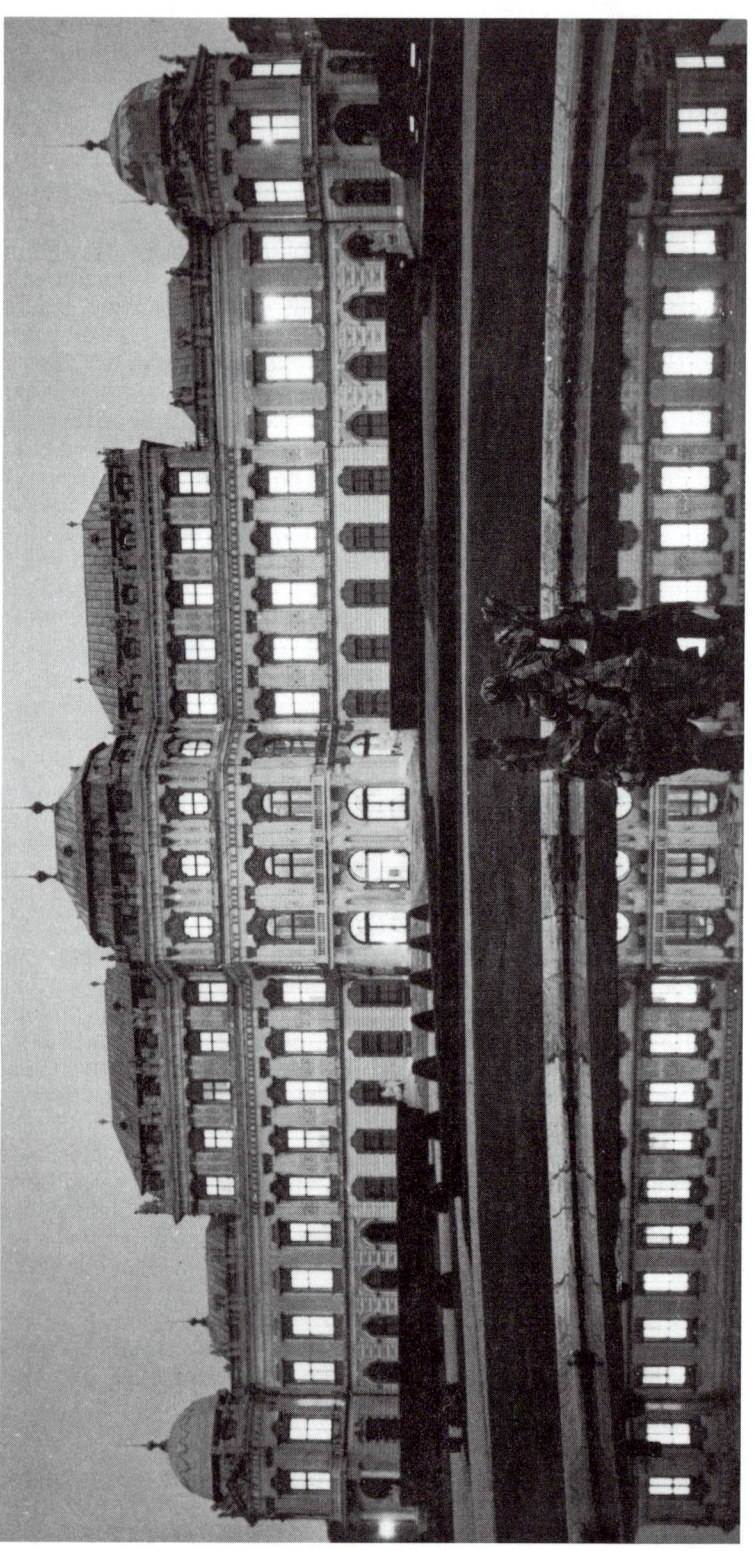

einer der Hauptschauplätze des europäischen Revolutionsjahres, Ferdinand der Gütige, Kaiser von Gottes Gnaden, dankte ab. „Gütinand der Fertige" – wie ihn die Wiener nannten – soll mitten in der Revolutionszeit gemeint haben: „Ja, derfen's denn dös?" Mit Franz Josef begann eine lange Periode des wirtschaftlichen Aufstieges, aber auch eine Periode der ungelösten Probleme, die stets nur oberflächlich angegangen wurden. Vielleicht auch, weil der Zeitgeist – der Nationalismus – den Vielvölkerstaat einfach ruinieren mußte. 1857 verschwanden die alten Stadtmauern, 1869 bis 1875 regulierte man die Donau tiefgreifend. Vor Ausbruch des Ersten Weltkrieges hatte Wien knapp 2,2 Millionen Einwohner. In den Hungerjahren nach dem Ersten Weltkrieg ging die Mär vom „Wasserkopf Wien" um. Die Bundesländer konnten sich so recht und schlecht ernähren, aber das vom landwirtschaftlich reichen Ungarn abgeschnittene Wien litt furchtbaren Hunger. Gauleiter Saukel – von den Wienern verharmlosend „Sauleiter Gaukel" genannt – schuf – wie bereits erwähnt – den Reichsgau Groß-Wien.

Sehenswürdigkeiten

Von den vielen Sehenswürdigkeiten empfehle ich die folgenden zur Besichtigung, so Sie etwa zwei volle Tage Zeit haben:

*Gärten:
Burggarten: 1820 als Privatgarten der kaiserlichen Familie angelegt. Im Gegensatz dazu vor der Burg der **Volksgarten** (1819 angelegt); schräg gegenüber der **Rathauspark**. Ebenfalls an der Ringstraße – etwa 15 Gehminuten von der Oper entfernt (auf der Ringstraße vom Parlament kommend in gleicher Richtung weiter) – liegt der **Stadtpark** mit dem Strauß-Denkmal mit Donaunixen und dem **Kursalon** (neubarockes Konzertrestaurant).

*Geschäftsstraßen:
Mariahilfer Straße: Nahe dem Burggarten beginnende bis zum Westbahnhof verlaufende Geschäftsstraße, die bis in die 70er Jahre auch Hauptverbindungsstraße in die Innere Stadt war. Heute nach einem durch den U-Bahnbau bedingten Niedergang wieder eine der schönsten Geschäftsstraßen Wiens.
Kärntnerstraße: Die wohl vornehmste Geschäftsstraße Wiens zwischen Oper und Stephansdom.
Graben: Vornehme Geschäftsstraße mit Pestsäule von L. Burnacini bzw. J. B. Fischer von Erlach. In einer Seitengasse das **Dorotheum**, eine österreichische Eigenart. In diesem Versatzhaus kann man Bilder, Schmuck etc. „zu Geld machen" und natürlich auch bei Auktionen erwerben. Betreiber ist der Staat. Amtliche Schätzmeister stellen die objektiven Werte fest, bei den Auktionen ermittelt jeder Käufer seinen subjektiven Wert. Zu den Besichtigungsterminen kann man auch „freihand" erwerben, man kann also sofort kaufen, aber nur einige wenige Gegenstände. Weiters interessant zum Geldausgeben: **Hoher Markt**, das Zentrum des mittelalterlichen Wien.

← *Das Obere Belvedere zählt zu den sehenswertesten Museen Mitteleuropas. Die Galerie zeigt wertvolle Gemälde von Schiele, Klimt, Kokoschka und vieler anderer bekannter Meister.*

***Stephansdom:** das Wahrzeichen Wiens und eines der berühmtesten Bauwerke Europas. Ursprünglich romanisch, aus dieser Zeit sind noch Riesentor und zwei Seitentürme erhalten. Gotisch sind der Hallenbau des Chores (1304–1330) und das Langhaus (1359–1450) sowie der 137 m hohe Turm (1350–1433). Der 1450–1578 erbaute, 65 m hohe Adlerturm wurde nicht fertiggestellt, was es ermöglichte, die schwerste Glocke Österreichs, die Pummerin, dort unterzubringen. Im Nordturm könnte die Glocke wegen der starken Schwingung nicht geläutet werden. Bedeutende gotische Kanzel an der Nordseite mit Standbild des Predigers Capistran; links vom Riesentor (Haupteingang) die Kreuzkapelle mit Grabmal des Prinzen Eugen.

Im Inneren sehenswert die Domkanzel (1515), Dombaumeister A. Pilgram aus Brünn verewigte sich am Sockel mit dem Selbstbildnis „Der Fenstergucker". Barocker Altar mit Bild von Tobias Pock (1677). Im Chor zahlreiche Grabsteine, im Mittelchor barocker Seitenaltar mit Bild von Martin Johann Schmidt (1772). Schließlich der Hochaltar (1640–1647) mit Werken von Johann Jakob Pock. Im südlichen Chor bemerkenswert das Hochgrab von Friedrich III., der völlig verarmt in Linz verstarb. Das Grab soll 40.000 Golddukaten gekostet haben; Geld genug für eine ganze Burg. Sie errinnern sich vielleicht an den Kaiser; in Linz haben Sie mehr von ihm gehört.

Interessant ist auch ein Gang durch das weitverzweigte System der Katakomben (seit 1720 als Begräbnisstätte genützt, wohl weil im Dom selbst kein Platz mehr war).

***Michaelerkirche:** Eines der ältesten Gotteshäuser Wiens. Turm und Chor gotisch (13. Jh.), Fassade im klassizistischen Stil von E. Koch (1729), Portalvorbau von Beduzzi, bekanntes Ölbergrelief (1494). Ungewöhnlich beeindruckend die Gestaltung des Chores der ehemaligen Hofpfarrkirche: Der Engelssturz wird kühn als Stuckrelief dargestellt und überzieht Altar und Gewölbe (1781).

****Peterskirche:** Angeblich von Karl dem Großen gestiftet; wohl zurückgehend auf eine Kirche des 4. Jh., 1703 von Lukas von Hildebrandt vollständig neu errichtet, mit schönem Portalvorbau von A. Altomonte (dessen Werke Sie von Wilhering kennen) und bemerkenswerten, schräg gestellten Türmen. Prächtige Kuppel mit Fresko von J. M. Rottmayr sowie schönem Nepomuk-Altar mit plastischer Darstellung des Sturzes des böhmischen Nationalheiligen. Hervorragende, einheitliche Innenausstattung.

***Schottenkirche:** Im 12. Jh. errichtet, ursprünglich romanisch. Umbau u. a. von Carlone (1643–1648). Im Inneren Deckengemälde von J. Schmidt (1887); Hochaltar von Ferstel (1883), Kanzel (1887). Altäre durchwegs auch aus dieser Blütezeit der Eliteschule Wiens. Die Schotten-Muttergottes ist eine hochverehrte Marienstatue.

****Minoritenkirche:** Dreischiffige, gotische Kirche mit Turmstumpf (Spitze 1683 von den Türken weggeschossen), Hauptportal von

◄ *Schloß Schönbrunn mit prächtigem Park, Tiergarten, Wagenburg und Palmenhaus ist ein Pflichttermin für jeden Wien-Besucher. In der Gloriette wurde eines der schönsten Kaffeehäuser Europas eingerichtet.*

1340. Bemerkenswerte Bilder von B. Altomonte („Glorie des hl. Nepomuk") und von Daniel Gran. Schöne Familienmadonna (um 1345, aus Stein).

*Kapuzinerkirche mit Kapuzinergruft: 1618 von Kaiserin Anna gegründetes Kloster, das sie als Grablege für sich und Kaiser Matthias bestimmte. Daraus entwickelte sich eine Art Erbbegräbnisstätte des Hauses Habsburg. Heute sind dort 146 Personen begraben, darunter 12 Kaiser und 17 Kaiserinnen. Die letzte Kaiserin Österreich-Ungarns, die unglückliche Zita von Bourbon-Parma, wurde erst kürzlich im alten Ritus dort bestattet. Dem letzten Kaiser, Karl I., wurde das Begräbnis dort verweigert. Ebenso Sophie, Herzogin von Hohenberg, ermordet in Sarajewo. Franz Ferdinand schuf daher die Gruft von Artstetten, die Sie ebenfalls während Ihrer Radtour hätten sehen können. Maria Theresia ist die einzige hier Bestattete, die nicht dem Kaiserhaus angehörte; diese Tatsache veranlaßte Kaiser Josef II., auf die Frage, warum er denn immer den Umgang mit dem einfachen Bürger suche und nicht mehr Wert auf Seinesgleichen legte, zu antworten: „Da müßte ich nur in der Kapuzinergruft herumgehen."

**Karlskirche: Von Karl IV. aus Dank für die 1713 überstandene Pest errichtet; wohl auch als dynastisches Denkmal für Habsburg geplant. Der mächtige, von einer Ovalkuppel beherrschte Zentralbau, flankiert von zwei Säulen, entspricht in Idee und Konzeption Salomons Tempel. Der streng römische Tempelportikus mit Giebelkrönung erinnert an den Jupitertempel in Rom, die beiden Säulen, mit Relief-Spiralbänder geschmückt, werden von den spanischen Kronen beherrscht. Spanien hatte schon damals nur mehr Symbolwert; es war für Habsburg verloren. Im Inneren die von Fischer von Erlach so geliebten Vasen sowie ein wahrhaft prächtiges Fresko von Rottmayr, die Verherrlichung des Kirchenpatrons. Sehenswerter Kirchenschatz.

*Piaristenkirche: Am Jodok-Fink-Platz im 8. Bezirk. Lukas von Hildebrandt lieferte den ersten Entwurf der 1716 begonnenen und 1771 geweihten Kirche; bemerkenswert wegen der Fresken des jungen F. A. Maulbertsch.

*Votivkirche am Rooseveltplatz, gleich beim Jonas-Reindl neben der Universität (= Straßenbahn-Umstieg nach Grinzing). Nach einem fehlgeschlagenen Attentat auf Kaiser Franz Josef im Jahr 1853 zwischen 1856 und 1879 aus Dankbarkeit im Stile der französischen Kathedralen errichtet. Niklas Graf Salm – Sie haben sein Schloß während der Radtour gesehen – , der Verteidiger von Wien, wurde 1529 hier bestattet (sehenswertes Renaissance-Hochgrab).

***Hofburg: Ein riesiger, aus dem 13. Jh. stammender und ständig um- und weitergebauter Repräsentations- und teilweise Funktionsbau. Insgesamt zählt man 18 Trakte, 54 große Treppen, 19 Höfe und mehr als 2.500 Räume. Eigentümer ist die Republik, das könnte sich wohl sonst keiner mehr leisten. Heute u. a. Sitz des Bundespräsidenten, Museum, Verwahrungort der Reichsinsignien,

---

◄ *Erfolge und Skandale um die Staatsoper lassen das goldene Wiener Herz höher schlagen. Wien und die Musik sind eins.*

Burgkapelle, in der die Sängerknaben in alter Tradition die hl. Messen begleiten, Stall der **Spanischen Hofreitschule** (beim Morgentraining der Lipizzaner können Sie täglich – außer im Hochsommer – ohne größere Probleme zuschauen; das Ticket kauft man vor Ort). Bemerkenswert ist auch die **National- bibliothek**, die frühere Hofbibliothek (der Prunksaal des Fischer von Erlach sucht Seinesgleichen an Pracht). Die Hofburg ist auch Kongreßzentrum; u. a. wird heute im alten Repräsentationssaal seiner Majestät getagt. Weiters Büro- räumlichkeit für wichtige Institutionen, u. a. die Österreichische Hoteliervereinigung.

Nicht mehr im Komplex der heutigen Hofburg liegt das neue **Burgtheater**, das 1888 von hier aussiedelte (dafür wurde das monumentale Michaelertor geschaffen).

Kern der heutigen Anlage ist der **Schweizerhof**, ein Anbau an die Burgkapelle (1447–1449). Im 16. Jh. entschied man sich zum Bau der **Stallburg** und der **Amalienburg** (erkennbar am Fahnenmast, gegenüber dem Ballhausplatz-Palais des Herrn Bundeskanzlers), die erst später durch den Leopoldinischen Trakt mit den Stamm- trakten verbunden wurde. Napoleon schließlich befahl das Schleifen der Befestigungswerke der Burg, was die Errichtung von Burg- und Volksgarten ermöglichte. Schließlich sei das etwas ver- loren dastehende **Äußere Burgtor** (in Richtung Museen) genannt, das 1934 als Heldendenkmal umgestaltet wurde. Dazwischen die zur Ringstraßenzeit geschaffene **Neue Burg**, früher Verwaltungs- gebäude, heute Museum.

Sehenswert sind das ***Schweizertor** (Renaissance-Prunktor von 1552), die ****Neue Burg** (zahlreiche Sammlungen, u. a. das Völker- kundemuseum), *****die kaiserlichen Appartements** (u. a. die Woh- nung von Kaiserin Elisabeth), die *****Schatzkammer** (deutsche Kaiserkrone) und der *****Prunksaal** der Nationalbibliothek mit dem Fresko von Daniel Gran.

*****Ringstraße mit **Rathaus**, 1872–1883 im neugotischen Stil (im Mittelalter blühten die Städte auf) erbaut. Auf dem 98 m hohen Turm wacht der Eiserne Rathausmann (3,4 m hoch, Lanze 6 m) über Wien.

Daneben das **Parlament** von Theophil Hansen, an Griechenland – Heimstätte der Demokratie – angelehnt; davor der Athene-Brunnen (griechische Göttin der Weisheit, die, zumindest was den alten Reichsrat anbelangt, nicht in das Gebäude einzog).   •

Anschließend das **Kunsthistorische** und das **Naturhistorische Museum**, dazwischen das Maria-Theresia-Denkmal. Die Sammlungen des Hauses Habsburg wurden darin untergebracht. Die Hauptkuppel wird von 4 kleinen Kuppeln gesäumt. Im Kunsthistorischen Museum erwartet Sie eine der bedeutendsten Kunstsammlungen Europas.

◀ *Das kunsthistorische Museum wird vom Linzer Dr. Seipel zu neuen Besucherrekorden geführt. Wertvollste Schaustücke – teils die Privatsammlung der Habsburger – werden lebendig präsentiert.*

Bereits in Sichtweite die **Staatsoper**, 1861–1869 von Siccardsburg und van der Null im Stile der Renaissance (Erwachen des Musikschaffens in der neueren Geschichte) erbaut. Die Loggia mit Fresken von Schwind sowie das grandiose Stiegenhaus sind die Hauptsehenswürdigkeiten, die bei Führungen besichtigt werden können.

Weitere sehenswerte Ringstraßenbauten sind die **Universität** (zweitälteste im deutschen Sprachraum, die heutigen Gebäude stammen aus der Zeit 1873–1883) und das **Regierungsgebäude** (früher k. u .k. Kriegsministerium) am Beginn der Ringstraße nahe der **Urania**.

***Belvedere:** Das Obere Belvedere – als Lusthaus für Sommerfeste errichtet – gehört zu den glanzvollsten Schöpfungen, die die Barockarchitektur je hervorgebracht hat. Die Fassade mit Spiegelung im Brunnen gehört zu den meist fotografierten Ansichten Wiens. Ein weit vorspringender Mittelpavillon mit hohem Mansardendach weckt Erinnerungen an ein türkisches Zelt. Zwei erhöhte figurengeschmückte Flügel schließen an, weiters zwei Galeriebauten mit wuchtigen Ecktürmen als Abschluß. Im Inneren kommt man von der Sala Terrena über das schöne Stiegenhaus in den wahrhaft einmaligen Marmorsaal, wo 1955 der österreichische Staatsvertrag unterfertigt wurde. Beachten Sie, daß die hinter der Öffnung über dem Eingang plazierte Musikkapelle selbst bei größter Verrenkung nur hörbar war, aber von den tafelnden Herrschaften nicht eingesehen werden konnte.

Die prächtige **Österreichische Galerie** mit den in ganz Europa hochgeschätzten Bildern von Klimt bis Schiele sei zur Besichtigung selbst bei größtem Zeitproblem empfohlen. Im Oberen Belvedere lebte Franz Ferdinand, Thronfolger Österreich-Ungarns.

Das **Untere Belvedere** ist ebenfalls eindrucksvoll, wenngleich das Innere wesentlich prunkvoller ist als das Äußere. Marmorsaal, Marmorgalerie, Spiegelsaal und der herrliche Groteskensaal beeindrucken jeden Besucher.

Daneben das **Palais Schwarzenberg**, heute noch Privatbesitz der Fürstenfamilie; Hotel. Großartiger Gartenpalast von Hildebrandt bzw. Fischer von Erlach.

***Schönbrunn,** bemerkenswert ist der gute Gesamtzustand der Anlage, die sich nahezu ohne Umbauten, Zerstörungen oder Veränderungen aus dem 18. Jh. bis in unsere Zeit herüberretten konnte. Fischer von Erlach schuf 1696–1700 das bestehende Schloß,* und Picassi gestaltete für Maria Theresia das Innere. Napoleon lebte hier als Eroberer von Wien in den Jahren 1805 und 1809. Dummerweise mußte sein Sohn, der König von Rom, auf Wunsch Metternichs hier leben. Er starb 21jährig an Schwindsucht (sagen die Österreicher); man ließ ihn verhungern, behaupten die Franzosen. Hier unterschrieb Karl I., von Gottes Gnaden Kaiser von Österreich, am 11. November 1918 seine Abdankungsurkunde. Heute wird dieser Tag allgemein als Faschingsbeginn angesehen. Seine Frau Zita nahm diese Unterschrift ebenfalls nicht ernst.

Der Mittelrisalit wird durch Freitreppen geschmückt, im Norden liegt der riesige Ehrenhof, im Süden der Schloßpark mit Blick zur **Gloriette**, jetzt Café (zu Füßen der prächtige Brunnen). Die Besichtigung des Schlosses selbst ist seit der Privatisierung sehr teuer.

Sehenswert sind der Park (1705 von Trehet angelegt) und vor allem der schöne **Tiergarten** (Menagerie, 1752 auf Wunsch von Franz Stephan de la Lorraine errichtet, bedeutender Pavillon von Jadot; gilt als ältester Tiergarten Europas) und die prächtige **Wagenburg**, in der Kutschen und Gefährte des Kaiserhauses zu sehen sind. Beeindruckend sind auch das neu renovierte **Palmenhaus** (1882) und das Schloßtheater (wird nur im Sommer bespielt).

*Die **Hermesvilla** wurde im gleichen Jahr für die ständig ruhelos herumreisende Elisabeth errichtet, der auch kaum etwas zu teuer war. In dieser Prachtvilla finden regelmäßig vielbeachtete Ausstellungen statt.

Erwähnenswert sind noch das **Alte Rathaus** (1. Bezirk, Wipplingerstr. 8, bis 1885 Sitz des Bürgermeisters und heute Sitz der Bezirksvorstehung von Wien Innere Stadt), die **Albertina** (wohl bedeutendste Graphiksammlung Europas, wegen Geldmangels befindet sich das Gebäude teilweise in desolatem Zustand), das moderne **Haas-Haus** gegenüber dem Stephansdom mit einem der schönsten Cafés in Wien, das **Hotel Sacher** auf dem Areal des 1870 demolierten Kärntnertor-Theaters sowie das Niederösterreichische Landhaus, wo am 13. März 1848 die Revolution ausbrach und am 21. Oktober 1918 der Staat Deutsch-Österreich proklamiert wurde.

Zum Abschluß Ihres Wien-Aufenthaltes sei ein Ausflug in den **Prater empfohlen, dem Vergnügungspark hinter dem Bahnhof Wien-Nord. Die **Hauptallee** wurde 1537 unter Ferdinand I. angelegt, Joseph II. öffnete den Prater fürs Volk, 1895 als Vergnügungspark „Venedig in Wien" eingerichtet; 1896/97 wurde das Riesenrad errichtet. Pratermuseum.

Hainburg
161 m Seehöhe, 5.700 Einwohner

Absoluter Schlußpunkt des Donauradweges. Hainburg wurde 1043 als Reichsfestung begründet, 12 Türme und 3 Tore sind noch erhalten. Das 20,5 m hohe **Wiener Tor** gilt als eines der wertvollsten mittelalterlichen Tore Europas und findet sich in allen Kunstführern beschrieben (Heimatmuseum). Am Weg dorthin empfiehlt sich eine Radtour durch die **Stopfenreuther Au** und die **Hainburger Au**, in der Ära von Bundeskanzler Sinowatz durch eine Art Volksaufstand vor der Zerstörung durch einen Kraftwerksbau gerettet. Interessante Flora und Fauna.

Routen-Änderungen zur 2. Auflage
Seit Redaktionsschluß Herbst 1995 wurden weitere Teilstücke des Donauradweges Passau–Wien fertiggestellt, welche zumeist am gegenüberliegenden Ufer eine Alternative bieten und teils landschaftlich schöner oder mit weniger „Verkehrsaufkommen" zu befahren sind.
Hier eine Aufzählung mit Wertung:

1. Stück: Passau – Obernzell – Kramesau
Am rechten, österreichischen Ufer sind die 25 Kilometer Passau – Engelhartszell zu ca. 7o% auf dem wahrscheinlich teuersten Rad-

weg Österreichs zu befahren. Mühsam wurde ein Radfahrstreifen zwischen Bundesstraße und Donau geschaffen. Kaum war man fertig, begann man auch in Bayern, einen Radweg am linken (deutschen) Donau-Ufer bis Obernzell zu schaffen. Schöner ist das Ergebnis in Bayern, weil man auf der Sonnenseite des Tales radelt. In Passau geht es zunächst vom Bahnhof über die Schanzlbrücke ans linke Donauufer, durch einen Tunnel gelangt man zur Ilz-Mündung. Weiter an der Donau bleibend erreicht man so bei der Eisenbahnbrücke den Ortsteil Lindau. Schön strampelt man nun bis Obernzell, einer der alten Salzmärkte am Südrand des Bayerischen Waldes. Die Promenade entlang der Donau, das Schloß – heute Außenstelle des Bayerischen Nationalmuseums – sowie der langgezogene Platz mit der prächtigen Barockkirche machen eine Station, eventuell zu Mittag, empfehlenswert.

Über das Kraftwerk Jochenstein, welches Radfahrern ein kostenfreies Übersetzen an rechte, österreichische Ufer ermöglicht, erreichen Sie Engelhartszell mit seinem bemerkenswerten Stift. Nach der Besichtigung fahren Sie über das Kraftwerk wieder retour. Das Weitere findet sich im Buch auf Seite 17.

2. Stück: Schlögen – Obermühl – Untermühl
Die linksufrigen Dörfer Obermühl und Untermühl-Neuhaus mit ihren traditionellen Gasthäusern und Restaurants, wollten schon immer einen „Anschluß" an den Donauradweg. Die Situation, wonach linksufrig die Gastronomie und rechtsufrig die Rad-Urlauber vorbeiziehen, schien der „re-agierenden" Politik aber kaum tragbar. So wurde der Abschnitt Grafenau – Obermühl – Untermühl geschaffen. Die Routenführung ist nicht einfach: Wenn die Fähre von Au/Schlögen nach Grafenau gerade zur Abfahrt bereitsteht, dann könnten Sie einsteigen. Sonst sind die Wartezeiten zu lange. Diese Fähre bringt Sie nach Grafenau, etwa 2 km von hier am linken (= gleichen) Ufer. Von dort geht es weiter nach Untermühl.

Ansonsten nehmen Sie die wesentlich öfter verkehrende Fähre von Au nach Schlögen ans rechte Ufer. Dann radeln Sie am rechten Ufer bis zur Fähre Kobling, wechseln nach Obermühl per 2. Fähre zurück und radeln dann am linken Ufer nach Untermühl und nehmen die dortige Fähre nach Kaiserau ans rechte Ufer. Also 3 Fährfahrten! Wo ist der Vorteil?
Im Frühjahr und Herbst – Mai, September und Oktober – ist es von Vorteil, auf der Sonnenseite zu radeln. Im Juli und August ist der Schattenseite der Vorzug zu geben. Außer, ja außer – Sie sind Pflanzen-Liebhaber. In den Schutzwäldern – wegen ihrer Unzugänglichkeit kaum genutzt – entstand eine artenreiche Flora von seltener Schönheit. Orchideen, fleischfressende Pflanzen, südländische Baumarten, Parasit-Gewächse u.a.m. gedeihen hier. Sie müßten sich halt die Zeit nehmen und öfters stehen bleiben, sonst hat es keinen Sinn. Auch mit dem freien Auge erkennt man die schöne Blumenwelt der Donauleiten. Die drei guten und preisgünstigen Gasthäuser laden zur Hausmannskost.
Im Buch geht's weiter auf Seite 24 oben.

3. Stück: Ybbs – Krummnußbaum
Von Ybbs führt der Donauradweg rechtsufrig über Säusenstein in die Nibelungen- und Kokoschka-Stadt Pöchlarn. Seit Fertigstellung

des Westbahntunnels ist diese Alternative, weil weniger befahren, empfehlenswert. Die Bahnstrecke Wien – Linz gehört zu den meistbefahrenen Bahnlinien Europas. Seit kurzer Zeit fahren die Züge aber durch einen Tunnel und so stört den Radler-Frieden nichts. Höchst-interessant der Verlust von Erfahrungswerten! Die Bundesbahnen (ÖBB, in Österreich Mehrzahl, das Wort ist ein Relikt der Österreichischen und der Ungarischen Staatsbahnen!) durften etwa ein halbes Jahrhundert keine neuen Strecken bauen. Dann kam der Wunsch, Wien – Linz auszubauen. Einer der ersten Bauten war dieser Tunnel. Dabei vergaß man, eine Geräuschdämmung vorzunehmen. Heute müssen die Züge auf 12o Stundenkilometer abbremsen, da sonst die Fahrgäste einen Gehörschaden erleiden würden.

Der Radweg ist gut beschildert und führt rechtsufrig bei der Mündung der Ybbs zunächst ein kurzes Stück landeinwärts. Sodann verläuft der Weg sehr schön bis Pöchlarn. Dort gäbe es zwar eine Fähre ans linke Ufer zurück. Viele Urlauber wollen aber Melk sehen, bleiben daher am rechten Ufer und fahren dann über das Kraftwerk Melk wieder ans linke Ufer zur Hauptroute zurück. Die Donaubrücke Melk – Emmersdorf ist Radfahrern nur im zeitlichen Notfall – bei dringlichster Eile – zu empfehlen.

Beim Kraftwerk Ybbs-Persenbeug am rechten Ufer zu bleiben, ist somit im Juli und August sinnvoll, weil am rechten Ufer weniger „Betrieb" herrscht.

4. Stück: Spitz/Arnsdorf - Mautern

In der Wachau ist der rechtsufrig markierte Radweg wegen des Niveau-Unterschiedes bei Schönbühel nicht empfehlenswert. So Sie nach der Besichtigung von Melk nach Arnsdorf wollen, radeln Sie zurück zum Kraftwerk Melk und dann am linken Ufer bis Spitz. Die Rollfähre bringt Sie ans rechte Ufer. Hier in Mitter-Arnsdorf ist es – weil die Hauptorte links liegen – sogleich einsamer. Weniger Autoverkehr, weniger Einwohner, weniger Radfahr-Urlauber, usw. Der Wein ist von Fall zu Fall und möglicherweise gleich gut, sicher aber billiger. Das hier Richtung Süden verlaufende Kupfertal bietet dem Rad-Urlauber einen fast ebenen und daher lohnenswerten Ausflug zum ehemaligen Kartäuser-Kloster.

Wenn Sie direkt an der Donau bleiben, so erreicht man stromaufwärts auf einem durch die Weinberge verlaufenden Radweg die Kirche St. Johann im Mauertale (Buch Seite 52). In einer weiteren 3 km langen Radtour erreicht man sodann Aggsbach am Fuße der Aggstein. Das ist ein lohnenswerter Nächtigungsort, weil man in ca. 45 Minuten auf die Ruine Aggstein spazieren kann. Von dort herrlicher Rundblick über die Wachau!

Donauabwärts von der Fähre kann man aber rechtsufrig schön durch Weinberge bis Rossatz (Fähre nach Dürnstein) oder Mautern (gegenüber von Krems) radeln. Wenn Sie bei Rossatz ans linke Ufer übersetzen, sind Sie dem wenig schönen, engen und zudem auch gefährlichenAbschnitt Weißenkirchen – Dürnstein ausgewichen.

So man am rechten Ufer nächtigen will, ist der rechtsufrige Radweg in der Wachau ein lohnenswerter Abstecher. Sonst ist die Hin- und Herfahrerei per Fähre eher kompliziert und zeitraubend.

Ortsregister